Edition 2014

MOTEUR !
L'ANTHOLOGIE DU SPORT AUTO AU CINEMA

Direction éditoriale : Alexandre PENIGAUT
Direction artistique : Laetitia BERTRAND

Paul Newman (p.120).

SOMMAIRE

Introduction 5
Biographie 7
Vintage 17
Jeunesse 33
Comédie 45
Drame 55
Séries TV 69
Action 77
Documentaire 91
Cinéma Muet 111
Ils tournent ! 119
Index 130

POUR VOIR LES
BANDES-ANNONCES

Téléchargez l'application gratuite Mobiletag sur votre smartphone.
Puis scannez le flashcode lié au film de votre choix.

NOTE DE L'EDITEUR

« *Courir, c'est la vie.* » S'il fallait chercher une seconde devise aux éditions CultuRacing, on la trouverait chez Steve McQueen et cette tirade dans *Le Mans*... « *C'est la vie.* » Avec ses trajectoires, ses engagements, ses retenues, ses certitudes, ses doutes, ses dépassements, ses risques, ses audaces, sa rectitude, ses écarts, ses corrections, ses actes manqués, sa bonne conscience, le sentiment du devoir accompli.

Et en lançant l'aventure CultuRacing, j'ai la force d'attester que la plus belle des performances ne restera qu'un simple résultat, que le plus beau des casques ne sera qu'un couvre-chef, si tous deux ne sont pas portés. Portés comme l'on porte, aux nues et à la connaissance, un effort ou une idée. Oui : une course de voitures, c'est décidément *« bien plus que du sport auto »*...

L'homme adore la vitesse, parce qu'il abhorre le sur-place. Dans le baquet de son auto, comme sur le sofa de son salon. Il aime le beau et le grand, lorsque ceux-là prennent et donnent du sens. Il affectionne aussi le superflu, lorsque celui-ci sait se faire nécessaire. Chacun à sa façon, les férus de disciplines motorisées témoignent de cette façon de vivre. L'illustre écrivain Alessandro Baricco en tête. Personne n'a, en effet, mieux conceptualisé cette passion que l'intellectuel italien, dans son roman *Cette Histoire-là*. Et personne ne l'a plus incarnée que son personnage d'Ultimo. Alors, reprenons ses mots :

« Moi, je construirai une route, dit-il. (...) *Une route qui finit là où elle commence. (...) Ce ne sera pas une route pour les gens, ce sera une piste, faite pour courir. Elle ne mènera nulle part, parce qu'elle mènera à elle-même, et elle sera hors du monde, loin de toute imperfection. Elle sera toutes les routes de la terre en une seule, et elle sera là où rêvent d'arriver tous ceux qui un jour sont partis. Je la dessinerai moi-même et, vous savez quoi ? je la ferai suffisamment longue pour pouvoir y mettre toute ma vie bout à bout, courbe après courbe, tout ce que mes yeux ont vu et qu'ils n'ont pas oublié. Rien ne sera perdu, ni la courbe d'un coucher de soleil, ni le pli d'un sourire. Rien de tout cela n'aura été vécu en vain, parce que cela deviendra un pays spécial, un dessin pour toujours, une piste parfaite. Je veux vous le dire : quand j'aurai fini de la construire, je monterai dans une automobile, je démarrerai, et tout seul je commencerai à tourner, de plus en plus vite. Je continuerai sans m'arrêter jusqu'à ne plus sentir mes bras et j'aurai la certitude d'avoir parcouru un anneau parfait. Alors je m'arrêterai à l'endroit exact d'où je suis parti. Je descendrai de l'automobile et, sans me retourner, je partirai. »*

Allons-y.

Alexandre Penigaut

INTRODUCTION

Faut voir. Si le septième art s'intéresse au monde de la vitesse, cette *« joie indigeste »* selon Enzo Ferrari, c'est pour combler un public en soif de virilité.
Ou pour dévoiler l'impalpable, l'esthétique de la puissance concédant bien des allégories de la vie : repousser ses limites, vivre à fond, tout peut s'arrêter d'un coup...
A moins que la conduite à haut risque, en fin de compte, constitue la dernière bravoure de notre époque. D'ailleurs, Antoine de Saint-Exupéry demeure le chantre de cet héroïsme. L'auteur de *Vol de Nuit* reste, en effet, le premier à considérer le pilotage comme un moyen de servir une noble cause, quand tous ses contemporains n'y voyaient qu'une (misérable) façon d'exister.

Seulement voilà : les coureurs révèlent, bien sûr, des prouesses humaines et mécaniques spectaculaires, mais leurs exploits ne relèvent pas de l'humanitaire... Alors, comment explique-t-on la fascination qu'ils exercent ? Le film *Rush* de Ron Howard (p.14) peut y répondre : pied au plancher, l'homme ne cherche qu'à se transcender, à atteindre une réalité qui le dépasse. Et portée à l'écran, cette Trinité humain-machine-vitesse devient alors une triade épique, libre et organique.
Il n'est donc pas étonnant de voir le cinéma s'intéresser de près aux sports mécaniques. Pas plus qu'il n'est surprenant de constater combien de comédiens ont appuyé sur la pédale, et combien de coureurs ont grimpé sur les planches. Rendez-vous en page 119 pour tous les découvrir.

Alors que le bâtonnier sonne désormais les trois coups, place au spectacle ! Des *biopics* au cinéma muet, des films pour enfants aux drames, des séries télévisées aux documentaires, CultuRacing vous dévoile la liste complète des oeuvres cinématographiques qui ont jeté un regard, appuyé ou non, sur la compétition automobile, dont Ernest Hemingway figure parmi les thuriféraires. *« Il n'existe que trois sports*, aurait-il écrit. *La tauromachie, la course automobile et l'alpinisme ; les autres ne sont que des jeux. »* Ce qui n'est pas si mal vu !

UN FILM DE RON HOWARD

CHRIS HEMSWORTH   DANIEL BRÜHL   OLIVIA WILDE   ALEXANDRA MARIA LARA

RUSH

NIKI LAUDA / JAMES HUNT : DEUX CHAMPIONS, UN MYTHE

BIOGRAPHIE

#3 : DALE EARNHARDT STORY

USA, 2004. 1h32.
De : Russell Mulcahy.
Avec : Barry Pepper, Elizabeth Mitchell, Ernest Whitted.

Que Dale ! Que dalle, aussi… Car les inconditionnels de Dale Earnhardt visionnent encore ce film avec de sérieux espoirs déçus.
On leur annonçait un vibrant hommage au pilote le plus titré du championnat Nascar, avec Richard Petty (sept couronnes). Ce que confirme la brillante performance de l'acteur Barry Pepper, vu dans *La Ligne Verte*.
On leur avait cependant promis que ce biopic évoquerait le parcours de leur idole, en toute fidélité. Ce que désapprouve la veuve du coureur mort au dernier tour des Daytona 500, en 2001… Même Darrell Waltrip n'admet pas d'être traité ici en « ennemi », lui qui était son ami. Les amateurs avertis, eux, ne peuvent concevoir l'absence de Jeff Gordon, dont le duel avec Earnhardt (plus qu'un ami : un pygmalion) a marqué les années 90. Quand même ! Une aberration d'autant plus condamnable que le producteur du long-métrage, ESPN, diffuse la Nascar à la télévision depuis 1981…
Les griefs des experts vont cependant plus loin. Pourquoi voit-on, en effet, Earnhardt finir les Daytona 500 de 1979 en 4è position à bord d'une Chevrolet Monte-Carlo, quand la réalité atteste d'une 8è place obtenue avec une Buick Regal ? Pourquoi voit-on, à la fin du film, Bobby Labonte en Chevrolet Monte-Carlo, lui qui était censé conduire une Pontiac Grand Prix, en 2001 ? Pourquoi autant d'anachronismes, visibles jusqu'aux sponsors, aux combinaisons, aux drapeaux ? ESPN s'explique : budget limité… durée de tournage étriquée… inexactitudes.
Mais ces erreurs n'empêchent pas de découvrir la vie de cet enfant chéri de l'Amérique, né dans la pauvreté. Un parcours rude, qu'illustra son pilotage brutal, adoré des uns, abhorré des autres, légendaire pour tous.
Car c'est bien lui, « the Intimidator », qui popularisa les touchettes à pleine vitesse, pour déstabiliser ses rivaux. Une pratique aujourd'hui bannie, que des millions de gens aimaient pourtant déguster, un peu comme on regarde ce film, à dire vrai : avec une bière à la main. Et pas mal d'amertume dedans…

#43 : RICHARD PETTY STORY

Autre titre : *Smash-Up Alley*
USA, 1972. 1h23. De : Edward J. Lasko.
Avec : Darren McGavin.

Richard Petty, en 1969.

... ou plutôt *#42 : Lee Petty Story* ? Car ce film narre moins le parcours de Richard Petty que celui du père, Lee : premier triple champion Nascar (1954, 1958, 1959) et vainqueur des premiers Daytona 500, en 1959 - devant Johnny Beauchamp, après trois jours d'analyse de la photo-finish ! Deux ans plus tard, les deux pilotes se retrouveront dans un crash effroyable, visible dans ce long-métrage regrettable pour certains écarts. Ainsi, pour avoir voulu créer un syndicat, le champion Chris Turner avait bien été viré par la Nascar. Mais Lee Petty n'a jamais participé au projet ! Au contraire de Tim Flock et « Fireball » Roberts...

PIED AU PLANCHER

VO : *Heart Like a Wheel*
USA, 1983. 1h53. De : Jonathan Kaplan.
Avec : Bonnie Bedelia, Beau Bridges.

Shirley Muldowney est comme ça : elle ne fait pas dans la dentelle, mais dans le nitrométhane. Celui du dragster. Aux abords hostiles aux dames, ce milieu classe aujourd'hui Shirley parmi les cinq plus grands pilotes de tous les temps ! Première femme à courir dans la catégorie reine (Top Fuel), elle dut lutter contre le machisme de la fédération NHRA et de ses rivaux pour s'imposer. Avec gloire : avant elle, personne n'avait glané deux, puis trois titres en Top Fuel (1977, 1980, 1982).
Pour écrire son histoire, la « drag'queen » sacrifiera tout, jusqu'à son mariage. Jamais son image, quitte à critiquer celle qui l'interprète dans ce film retraçant sa vie. Ainsi, à propos de Bonnie Bedelia, la surnommée « Cha Cha » lâchera : *« Elle sort d'une voiture comme elle sort de table... »*

GO LIKE HELL

USA, prévision 2015
De : Joseph Kosinski.
Avec : Tom Cruise, Brad Pitt.

Ne nous emballons pas : à l'heure d'imprimer *Moteur!*, ce film reste un projet. Mais quel projet ! Version pelliculée du bouquin signé A.J. Baime, *Go Like Hell* évoquerait la résurrection de Ford dans les années 60, grâce à Henry Ford II, Lee Iacocca et Carroll Shelby. A la même époque, le duel féroce Ford GT40/Ferrari 330 P4 marqua à jamais l'histoire de l'Endurance...
Vingt ans après *Entretiens avec un Vampire*, Tom Cruise et Brad Pitt seraient pressentis pour partager l'affiche. Gageons que les femmes se poseront cette même question qu'en 1994 : plutôt Tom ou Brad ? En 1994, on avait le droit de répondre Tom...

THE LAST AMERICAN HERO

USA, 1973. 1h35.
De : Lamont Johnson.
Avec : Jeff Bridges, Valerie Perrine, Geraldine Fitzgerald.

Cet homme a réinventé le pilotage. Lui, Junior Johnson, l'un des plus beaux palmarès de la Nascar avec 50 victoires, mais aucun titre - six sacres en tant que team-manager. Aujourd'hui, les pilotes de cette discipline le remercient pour avoir découvert le « draft ». Cette idée de dépasser ses adversaires à l'aspiration lui est venue en 1960, durant des essais à Daytona. 35 km/h plus lent que les autres, Johnson ne trouve aucune solution, avant de s'apercevoir qu'il tournait aussi vite que les leaders lorsqu'il se collait à eux !

Et dire que les demi-tours pris avec le frein-à-main (« *bootleg turn* ») sont également de lui ! Si les pilotes de rallye lui sont encore très reconnaissants, les policiers qu'il parvenait ainsi à semer restent plus ingrats... Mais c'était dans sa jeunesse, durant la Prohibition, lorsque ce fils de fermier s'était lancé dans la contrebande d'alcool, comme tant d'autres...

Désormais, celui que le journaliste Tom Wolfe a qualifié de *« dernier héros américain »* s'est rangé des voitures. Pour un ultime virage à 180 degrés sur son passé. Il s'est, en effet, reconverti dans la *moonshine*, cette liqueur qu'il recelait jadis, en peaufinant sa conduite.

Entre-temps, l'acteur Jeff Bridges lui a rendu hommage en l'incarnant dans ce grand film, consacré au parcours d'un homme inoubliable bien plus que par son talent : son caractère.

SNAKE & MONGOOSE

USA, 2013. 1h42.
De : Wayne Holloway.
Avec : Jesse Williams, Richard Blake, Ian Ziering.

Souvenez-vous : vous disposiez des soldats en plastique dans la chambre, tous puisés dans le coffre à jouets, des indiens Mokarex aussi, des cyclistes en plomb coloré, des lucioles en cadeau Bonux... Et puis, il y avait ces deux Plymouth 1/64 en métal, une Barracuda jaune et une Duster rouge. Vous voyez ? Eh bien, ces dragsters sont ceux des pilotes Don « Snake » Prudhomme et Tom « Mongoose » McEwen. Rivaux féroces et amis inséparables, ces deux « capitaines de Majorette » transformèrent leur discipline, en y introduisant le sponsoring, avec la marque de jouet Hot Wheels. Le retentissement ? Enorme ! Surtout auprès de millions de *kids*, qui découvriront ici cette épopée, à l'origine de leurs plus tendres années...

GREASED LIGHTNING

USA, 1977. 1h36.
De : Michael Schultz.
Avec : Richard Pryor, Beau Bridges, Pam Grier.

Noir sur blanc. En 1963, dans la ville floridienne de Jacksonville où règne alors la ségrégation, accorder la victoire en Nascar (et la bise de la Miss locale) à un pilote noir relevait, pour les officiels, de l'innommable. Malgré le succès incontestable de Wendell Scott, la première place reviendra donc au 2ème de la course, Buck Baker. Mais l'Afro-américain Scott récupèrera son dût, après plusieurs jours de lutte.
Taximan puis mécano, le coureur joué par le comique Richard Pryor s'était initié au pilotage en semant la police, quand il convoyait de l'alcool en pleine Prohibition - comme Junior Johnson (p.10). Un accident en 1973, à Talladega, achèvera la carrière de celui qui reste le seul pilote « black » victorieux en Nascar...

RED DIRT RISING

USA, 2011. 1h33.
De : J. Suttles, K. Bobak.
Avec : B. Yoder.

Cours d'histoire. Notez 1, petit « a ». Les courses de stock-car sont nées des trafiquants d'alcool américains, pendant la Prohibition des années 30. Afin d'échapper à la police, les contrebandiers boostaient leurs voitures et profitaient de leurs performances pour se livrer à des courses sauvages.
Tandis que ces épreuves se popularisaient (et se légalisaient), un certain Bill France sent l'aubaine et veut fédérer des organisations sous une bannière unique. Il contacte ainsi Jimmie Lewallen, à qui ce film est consacré.
Lewallen, ce pionnier : l'un des premiers *moonshiners* à avoir piloté. France l'invite à investir 500 $ dans son projet. Mais las de l'existence (la guerre, le trafic, la pauvreté dont il ne sortira pas), jugeant qu'il n'arrivera *« jamais à rien dans la vie »*, Lewallen décline l'offre. Mauvaise pioche...
En 1948, France accomplit son rêve et lance l'un des sports les plus lucratifs au monde : *a Nascar is born*...

OPERACION FANGIO

Argentine, 2000. 1h45.
De : Alberto Lecchi.
Avec : Dario Grandinetti, Laura Ramos.

23 février 1958. Coup bas sur Cuba. Après les essais d'une course à La Havane, Juan-Manuel Fangio se fait enlever par des sbires de Fidel Castro, durant 26 heures. Le but : faire annuler l'épreuve, organisée pour attirer les capitaux américains. Sans le quintuple champion de F1, le départ aura pourtant lieu, avant le carnage du 6è tour (7 morts et 33 blessés). Un drame dont fait toutefois fi le film, focalisé sur ce rapt sans bobo, l'un des moments les plus inouïs de l'histoire de la course !

FANGIO, EL DEMONIO DE LAS PISTAS

Argentine, 1950. 1h53.
De : Romàn Viñoly Barreto.
Avec : Armando Bó, Yvonne Bastien.

Comme Fangio. Le comédien Armando Bó se prend ici pour le pilote argentin, durant le premier championnat du monde de F1 en 1950 - qu'il finira 2ème, derrière Farina... Mais pourquoi ce film reste aussi confidentiel ? Pourtant, des projections ont parfois lieu, en Argentine. Peut-on rêver d'un DVD ? On peut courir ? Canular ? Message codé ? CIA ? On veut savoir. Mazzacane et Tuero à la rescousse !

Juan-Manuel Fangio, vainqueur au GP de France de F1, en 1950. © DR

ENZO FERRARI

Italie, 2003. 3h34.
De : Carlo Carlei.
Avec : Sergio Castellito.

C'était Ferrari. La détermination incarnée. Un homme à qui la vie a tout donné. Même le pire : la mort de ses pilotes, et surtout celle de son seul fils naturel, Dino - en hommage, le « Commendatore » garda ses lunettes noires jusqu'à son décès, en 1988, à 90 ans. Tel un thriller psychologique, ce téléfilm en 2 volets dénoue l'écheveau de le personnalité complexe et des instants marquants du génie de Maranello, de ses débuts de coureur à la réussite de la Scuderia, née en 1930. Peut surprendre.

Sans oublier …

Mon Pote (2010)

OHNE KAMPF KEIN SIEG

Allemagne, 1966. 5 épisodes (6h47).
De : Rudi Kurz.
Avec : Jürgen Frohriep, Dietlinde Greiff, Marga Legal.

Son père le voyait soldat. Mais l'antimilitariste Manfred von Brauchtisch a préféré devenir un glorieux pilote des années 30. Avant de subir le cauchemar de l'Allemagne nazie…
Au volant de sa « Zigarre » Mercedes SSKL, sa première victoire en 1932 à l'Avus marque d'emblée le pays. Le cinéma lui tend les bras, et le convie dans un film d'Erich Schönfelder, *Kampf* (1932). Si ses succès à Monaco 1937 et France 1938 en font une star, sa malchance et son courage le consacrent héros du peuple germanique. Seulement voilà : Hitler récupère cette popularité pour sa propagande ! Une situation insoutenable, pour Brauchtisch…
Il prend alors ses distances avec le vedettariat, avant de devenir président de l'Automobile Club d'Allemagne, après la Guerre. Et que constate-t-il ? Moult criminels de guerre occupent toujours de hautes fonctions ! Las, le pilote s'expatrie en Amérique du Sud… Où il découvre un paradis pour fascistes exilés ! Dépité, il rentre au bercail et cherche à promouvoir le pacifisme entre les Allemagne divisées. Patatras ! Les services secrets américains rappliquent et lui proposent de travailler pour eux. Cela suffit à la RFA pour le juger de haute trahison, et le condamner à huit mois de prison… Mais à sa libération, sa femme n'en peut plus. Elle ne le suivra pas dans son nouvel exil, en RDA. Plus tard, Brauchtisch y apprendra le suicide de sa bien-aimée…
Ce parcours hors-du-commun a été porté à l'écran dans la série télévisée *Ohne Kampf Kein Sieg* (« Sans Lutte Pas de Victoire »), adaptée des *Mémoires* du pilote, publiés en 1966.

RUSH

USA, 2013. 1h58.
De : Ron Howard.
Avec : Chris Hemworth, Daniel Brühl, Olivia Wilde, Alexandra Maria Lara.

Rien ne l'y forçait. En adaptant au cinéma la lutte homérique pour le titre mondial de F1 1976, entre le pétulant Anglais James Hunt et l'austère Autrichien Niki Lauda, Ron Howard prenait l'un des plus grands risques de sa carrière de cinéaste. Aux yeux des cinéphiles avertis, en effet, le sport auto reste difficilement transposable au cinéma. Beaucoup de films moyens sur le sujet tendent à le prouver. Seul *Grand Prix* (p.60) s'en tire sans lazzi. C'était en 1966, autant dire le siècle dernier ! Mais Ron Howard n'a pas reçu l'Oscar du Meilleur Réalisateur et du Meilleur Film, en 2002, par hasard. Ce spécialiste du biopic à grand spectacle (*Frost/Nixon*, *Un Homme d'Exception*, *Apollo 13*) sait travailler le marbre dont on bâtit les belles sculptures. Tous les fans de F1 lui en auraient tout de même voulu, s'il avait traité cette histoire telle de la céramique avec laquelle on fabrique les lavabos...

C'est son ami scénariste, Peter Morgan, un passionné de course, qui lui a raconté le duel Lauda-Hunt en 76, après avoir lu *In the Name of Glory*, de Tom Rubython. Au bout du suspense, Hunt avait été titré dans la toute dernière course pour un petit point d'avance sur Lauda. Mais ce face-à-face n'aurait pas passé le cercle des initiés sans l'effroyable crash de Niki Lauda, au Nürburgring, qui l'expédia à la lisière de la mort. Son miraculeux retour à la compétition, un mois tout juste après l'accident, a conféré une humanité et un héroïsme insoupçonnés chez cette machine froide de calculs. On le surnommait d'ailleurs « l'ordinateur ».

Mais que dire de *Rush* ? Qu'il mérite tous les superlatifs du dictionnaire ? Que sa réalisation s'avère impeccablement fidèle, ou fidèlement impeccable ? Que son casting se révèle juste parfait ? Les performances des acteurs Chris Hemsworth en James Hunt et Daniel Brühl en Niki Lauda sont, en effet, ahurissantes, pour ne pas dire exceptionnelles. Et le travail des producteurs pour dénicher des comédiens semblables aux personnages qu'ils incarnent (conjointes, pilotes, ingénieurs, journalistes) laissent coi. Franchement.

Ce sens du détail relève de l'irréprochable. Ainsi, l'accident de Lauda sur le périlleux tracé du Nürburgring a été reproduit à l'identique. Sans l'emphase hollywoodienne que l'on pouvait craindre. Quant aux F3 déguisées en F1, le mimétisme est tout bonnement sensationnel. Il faut dire que ce film a reçu les lumières d'Alastair Caldwell, team-manager de McLaren entre 1974 et 1976.

Bien sûr, des experts trouveront à redire. A raison. Sur les casques Bell, par exemple. Ou sur le premier test en F1 de Lauda, réalisé avec une March et non une BRM. Ou encore sur le circuit de Brands Hatch, inexplicablement présenté ici comme étant le Paul Ricard. Ou bien sur l'anachronisme du panneau « Panasonic Toyota » dans le paddock de Fuji. Quant à l'intérêt porté par McLaren à Jacky Ickx pour 1976, la réalité atteste de 1973. Le film, enfin, tait l'accident de tracteur qui contraignit Lauda à courir à Jarama avec les côtes brisées...

A vrai dire, un unique hic subsiste : la rivalité entre Hunt et Lauda n'était pas si exacerbée. Les deux pilotes sont ici montrés en concurrents féroces, tels des « ennemis jurés ». Et cela, dès leur début en Formule 3. Or, à cette époque, l'Anglais et l'Autrichien s'appréciaient déjà suffisamment pour... vivre ensemble en colocation dans un appartement à Londres !

Qu'importe. L'exigeant Niki Lauda avait de toute façon validé le scénario, avant de se montrer impressionné par la réalisation finale. Ron Howard avait donc déjà réussi son pari. Salué par le public et la critique, ce long-métrage se destinait même aux Oscars 2013, avant que *12 Years a Slave* lui grille la politesse. Tant pis. A défaut d'être sacré Meilleur Film de l'année 2013, *Rush* peut être consacré meilleur film de l'histoire dédié au sport auto. Y compris devant le mythique *Grand Prix*. Sans conteste.

Niki Lauda (Ferrari 312 T2) au GP du Nürburgring 1976, le jour du drame... © Hoch Zwei/Ronco

Biographie

John Surtees (Lola-Climax) devant Phil Hill (Ferrari) au GP de F1 des Pays-Bas 1962, visible dans *The Young Racers* (p.24). © ANEFO

VINTAGE

LE MANS, CIRCUIT DE L'ENFER

VO : *Le Mans, Scorciatoia per l'Inferno*
Italie, 1970. 1h30. De : Osvaldo Civirani.
Avec : Lang Jeffries, Erna Schurer, Edwige Fenech.

Allez savoir : *Le Mans, Circuit de l'Enfer* devient *Summer Love*, aux USA... Ce doit être une question de mentalité. De marketing, surtout : le circuit sarthois apparaît dans le titre, mais jamais dans le film ! Et pour cause : seule la Formule 1 y occupe le terrain.
Bien sûr, il ne rivalise pas avec *Grand Prix* (p.60). Son histoire de jeune champion pris sous la houlette d'une vieille gloire des circuits peut, cependant, susciter l'intérêt. Et puis, il s'agit d'une sacrée boîte-à-archives : la saison 1970 de F1 y est omniprésente, à l'image du gros crash entre Ickx et Oliver à Jarama *(photo)*, ou de l'accident fatal de Courage, à Zandvoort...
De toute façon, voir Jean-Pierre Beltoise plaisanter avec Edwige Fenech, l'icône du cinéma érotique, suffit à accoler l'épithète d'indispensable à ce film méconnu.

MUCHACHAS QUE TRABAJAN

Mexique, 1961. 1h25.
De : Fernando Cortés.
Avec : Ariadna Welter, Ricardo Rodriguez.

Traduisez par « Des Femmes Qui Travaillent ». Le décor est planté. Sans tomber dans le misérabilisme, ce drame suit les affres de quatre Mexicaines, victimes des ennuis d'une vie (chantage, vol, crime). Cette adaptation d'un roman d'Angeles Villarta tient surtout son succès national à son casting et sa *guest-star* : Ricardo Rodriguez. Vainqueur de la Targa Florio l'année du film, le frérot de Pedro reste un parangon de précocité, terminant 2è des 24H du Mans 1961, à 18 ans ! Depuis son GP national de 1962, il reste encore le plus jeune pilote mort en F1...

TURISMO DE CARRETERA

Argentine, 1968. 1h36.
De : Rodolfo Kuhn.
Avec : María Vaner, J-M Fangio.

Hommage au championnat automobile le plus populaire d'Argentine : la Turismo Carretera, née en 1939. Le succès d'estime du film tient moins au script (anémique) qu'aux images de course nombreuses et précieuses. Sans parler des prestigieuses interventions de J.M Fangio, Oscar Gálves et J.M Bordeu... Précieux, on vous dit !

JOHNNY DARK

USA, 1954. 1h25.
De : George Sherman.
Avec : Tony Curtis, Piper Laurie, Don Taylor.

C'est un trauma que le jeune Johnny Dark ne voulait pas subir : laisser son employeur ne pas produire l'auto révolutionnaire qu'il vient de concevoir... Le brillant ingénieur subtilisera alors l'engin, au sein de l'authentique usine Packard Proving Grounds, classé au patrimoine historique américain. Son but : s'engager à son volant dans une course transcontinentale. Le public averti reconnaîtra la source d'inspiration de cette épreuve : la Carrera Panamericana, apparue quatre ans plus tôt.

Pour l'histoire, le véhicule de Johnny Dark a réellement écrit une page de l'épopée de l'automobile. Il s'agit, en effet, d'une Woodill Wildfire. *What ?* Fabriqué à la main entre 1953 et 1957, à 300 exemplaires, ce coupé demeure la toute première voiture de production à disposer d'un châssis en fibres de verre.

D'ailleurs, le cinéaste George Sherman honore cette technologie de renforcement, comme l'atteste le fabuleux casting motorisé : Victress S-1, Glasspar G2, Kaiser-Darrin KF-161... Encore ? Irwin Series 2 Lancer, Grantham Stardust, Tatum Wayne GMC Special... Ce film aura aussi marqué de son empreinte le sport auto : avec la coopération de la fédération SCCA, des scènes de course ont pu être filmées depuis un hélicoptère - une première !

Preuve ultime que *Johnny Dark* deviendra incontournable quand les vrais passionnés l'auront décidé. Certain.

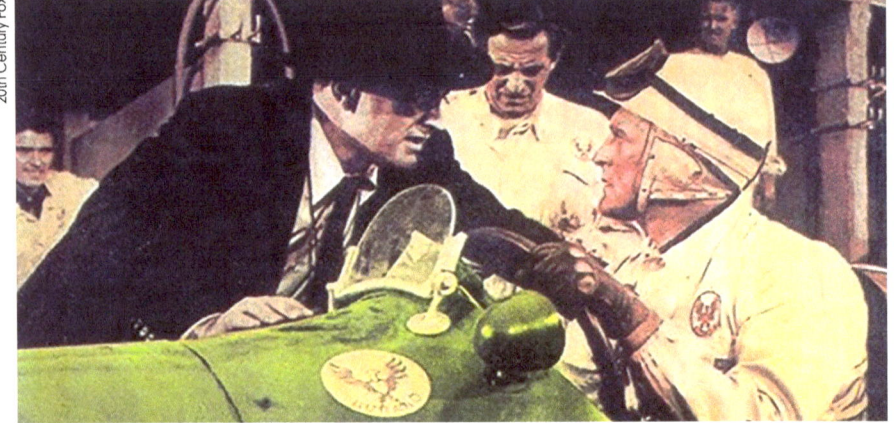

THE RACERS

VF : *Le Cercle Infernal*
USA, 1955. 1h52. De : Henry Hathaway.
Avec : Kirk Douglas, Bella Darvi.

Adapté d'un roman d'Hans Ruesch, pilote des années 30, le scénario de *The Racers* ne pouvait mener à l'échec. En effet, l'histoire d'un amour impossible, né au GP de Monaco, entre un pilote de F1 et une danseuse, n'a rien d'indigent. Un téléfilm américain va même réadapter ce script, en 1956 : *Men Against Speed*.
Ce film capotera juste par son casting. Car il n'aura été produit que dans le but de « stariser » l'amante du producteur Darryl Zanuck, Bella Darvi, qui n'avait rien d'une actrice...

Si le championnat de F1 1955 apparaît en toile de fond, seule la dernière scène de course a vraiment été saisie sur le terrain, à Reims. Doublure de Kirk Douglas : John Fitch, coéquipier de Pierre Levegh aux 24H du Mans 1955, tragiques par le crash qui tua son compère et 85 spectateurs cette fois-là. Traumatisé, Fitch créera des solutions en faveur de la sécurité routière, tel le « Fitch Inertial Barrier » : un atténuateur de choc présent sur les autoroutes aux Etats-Unis.

HIGH GEAR

Autre titre ; *The Big Thrill*
USA, 1933. 1h07. De : Leigh Jason.
Avec : James Murray, Joan Marsh.

Après avoir tué son copilote dans un crash, le surnommé « High Gear » perd pied, puis met un terme à sa carrière. Afin d'honorer les dernières volontés de son ami défunt, il adopte l'orphelin et l'inscrit dans une prestigieuse école militaire. Le casse-cou ne voit alors qu'un moyen de subvenir à sa nouvelle vie : devenir chauffeur de taxi. Mais l'amitié avec son fils adoptif et une journaliste va le reconduire dans sa Duesenberg Indy Car... A petit budget mais pas dépourvu d'intérêt, ce film a offert à James Murray l'un de ses rares premiers rôles, depuis *La Foule* (1928) de King Vidor. Trois ans après, le corps sans vie du comédien devenu clochard allait être repêché du fleuve Hudson...

LE VIRAGE DU DIABLE

VO : *The Devil's Hairpin*
USA, 1957. 1h23. De : Cornel Wilde.
Avec : Cornel Wilde, Jean Wallace, Arthur Franz.

Croyez-le ou non : lancé en 1962 par Honda, le circuit de Suzuka (Japon) est né ici, à Paramount Ranch (Californie). Sorti du crayon du pilote Ken Mils, en 1956, ce tracé en 8 signait alors une révolution. Mais trois accidents mortels en 18 mois sonneront le glas. Cornel Wilde y voit alors le « circuit de la peur » idoine pour son film : après avoir manqué de tuer son frère en course, un coureur stoppe sa carrière, tétanisé par la peur. Dès lors, il vit de ses souvenirs, jusqu'au jour où il retrouve sa Jaguar Type-D. Sur la piste, les vieux démons vont toutefois le rattraper... Que Freud le rassure : « *De quelque manière qu'on s'y prenne, on s'y prend toujours mal.* » Qu'on le sache ou pas...

CHECKPOINT

VF : *A Tombeau Ouvert*
GB, 1957. 1h26. De : Ralph Thomas.
Avec : Anthony Steel, Odile Versois, Stanley Baker.

« Au réalisateur Ralph Thomas, les amoureux des Mille Miglia reconnaissant. » Car ce cinéaste a choisi cette légendaire course italienne pour décorer son film : après avoir volé les plans d'un constructeur, un voyou prend part à l'épreuve afin de rallier la Suisse et échapper à la justice.
Seule la 67è minute exhibe de vraies séquences de course, filmées lors de l'avant-dernière édition, en 1956, gagnée par Eugenio Castellotti (Ferrari 290 MM Scaglietti). Dans l'ordre, on y voit : Osca MT4 1500 n°436 de Luigi Villoresi *(abandon)*, Mercedes 300 SL n° 504 du prince Paul-Alfons de Metternich-Winterburg *(6è)*, Porsche 356 1500 Speedster n°230 d'Harald von Saucken *(64è)*, Ferrari 860 Monza Scaglietti n°551 de Peter Collins (*2è*), Mercedes 300 SL n°500 de Guido Castelli-Guidi *(ab.)*.
Enfin, ce film comble les adeptes d'Aston-Martin : Anthony Steel partage son premier rôle avec l'exclusive DB3S à V12 Lagonda.

RUE DE L'ESTRAPADE

France, 1953. 1h37.
De : Jacques Beker.
Avec : D. Gélin, L. Jourdan.

Attention : le port de la casquette Hatteras est ici obligatoire. Surtout pour admirer le comédien Louis Jourdan, à Montlhéry, dans la Gordini T16 que pilotèrent Jean Behra et Maurice Trintignant en F1, en 1953. Tout le reste est anecdotique.

Sans oublier ...

The Fast Lady (1962)
The Racing Strain (1932)
Born To Speed (1947)
The Wild Ride (1960)
Heights Of Danger (1962)

FIREBALL 500

USA, 1966. 1h32.
De : William Asher.
Avec : Frankie Avalon, Fabian, Annette Funicello.

Sans avoir l'air d'y toucher, ce film pour ados a flanqué une sacrée trempe aux prod' d'alors. Car il préfigure tous les canons de la *teen-exploitation* désormais en vigueur au cinéma : l'histoire d'une jeunesse insouciante, festive, révoltée contre tout, et portée à l'écran par trois chanteurs en vogue.
Quant à la star, là voilà : « Fireball 500 », une Plymouth Barracuda resculptée *(photo)*, avec un habitacle à double-cockpit ouvert et un V8 HEMI 426 ch. Une oeuvre du docteur ès *custom* à Hollywood, George Barris. Admirez le travail : la Batmobile, la Pontiac Trans Am « Kitt » de *K2000*, la Dodge Charger « General Lee » de *Shérif, Fais-Moi Peur* !, la Lincoln Continental Mark III de *The Car-L'Enfer Mécanique*... Et la Moonscope : le premier concept de véhicule opérationnel sur la lune ! Intéressée par les trains roulants, la Nasa conviera même Barris à collaborer au développement du Rover lunaire. Mine de rien...

BLONDE COMET

USA, 1941. 1h07.
De : William Beaudine.
Avec : Virginia Vale, Robert Kent, B. Oldfield.

De quoi se pincer ! Auto Union Type A, Alfa Tipo 8C-35, Mercedes-Benz W125... C'est l'univers des courses d'entre-deux-guerres qui est balayé ici, avec à l'appui de belles archives des GP de Monaco, Donington et Tripoli. Hégémonique sur ces circuits, la fille d'un pneumaticien prépare les Indy 500. Mais la « Comète blonde » s'éprend d'un rival, à qui elle cèdera son volant pour la mythique épreuve. En retour, il voudra l'épouser, si elle stoppe sa carrière ! Seul l'homme doit, en effet, travailler. Ce qu'elle conçoit, sans rechigner...

AMORE FORMULA 2

Italie, 1970. 1h48.
De : Mario Amendola.
Avec : Giacomo Agostini, Mal.

Ago à gogo ! Pilote moto le plus sacré de l'histoire (15 titres mondiaux), Giacomo Agostini usa de sa notoriété pour investir la *Cinecittà*. Sans succès... Cet *Amore F2* sera son premier coup d'essai. Il y joue un pilote qui encourage son meilleur rival et ami (interprété par le chanteur Mal) dans sa nouvelle vie : la musique. Mais une *bella regazza* va ruiner leur amitié...
Agostini en pilote de F2 : une ineptie ? Non : il s'y frottera en 1978, avec 7 non-qualifications sur 11 courses... Il préfèrera la F1 Aurora, les deux ans suivants. Sans gloire : ses sept podiums ne séduiront aucun patron de F1 pour 1981. Comme quoi...

THE GREEN HELMET

VF : *Le Casque Vert*
GB, 1961. 1h28. De : Michael Forlong.
Avec : Bill Travers, Ed Begley, Jack Brabham.

Jack Brabham n'est plus. Mort en mai 2014, le triple champion de F1 aura marqué son sport à jamais. En 1961, le cinéaste Forlong exploita ainsi l'aura du génial Australien pour son adaptation d'un roman de Jon Cleary, *Le Pilote au Casque Vert*. Brabham y joue son propre rôle, dans ce mélodrame sur le déclin d'un pilote de renom. Tandis que tout l'invite à la retraite, le coureur veut marquer son temps en s'imposant une dernière fois avec un nouveau modèle...
Le Mans, Silverstone, Mille Miglia, Sebring ont ouvert leurs pistes à cette production, dont les séquences embarquées à haute vitesse avaient impressionné les spectateurs d'alors.

LE CIRCUIT DE MINUIT

Belgique, 1956. 1h25.
De : Ivan Govar.
Avec : Albert Préjean.

Son prototype Torna doit révolutionner l'automobile. Mais des essais ratés vont compromettre le rêve du constructeur belge Jean Gaillard. Sa fidèle équipe va néanmoins l'aider à surmonter le rebut des sponsors et la faillite qui le guète, pour qualifier son engin dans une course unique en son genre, à Spa.

Jack Brabham (à gauche) dans *Le Casque Vert*. © MGM

THE YOUNG RACERS

USA, 1963. 1h27.
De : Roger Corman.
Avec : Mark Damon, William Campbell, Luana Anders.

Ça sonne anglais, ça arbore un look anglais, ça respire anglais... Mais c'est américain, de Roger Corman précisément. Le pape de la série B raconte ici l'histoire de, euh, Machin. Joe Machin : un pilote de F1, sur Lotus 24, honni pour son pilotage et son caractère rugueux. Un champion pourtant ô combien incompris... Certes, le scénario sent un peu le bouchon. Les fabuleuses scènes de courses se dégustent néanmoins tel un cognac millésimé - avec Maud et rations, si vous voulez. De Spa à Zandvoort, de Monaco à Rouen, via Aintree, Corman a immortalisé cinq GP de la saison 1962 de F1, sur les neuf que comptait ce championnat, remporté par Graham Hill (BRM). Ces archives confèrent au film une aura de précieux documentaire, malheureusement jamais distribué en France. Pays de merde !

Alta Vista Productions

THE LIVELY SET

VF : *Pleins Phares*
USA, 1964. 1h35. De : Jack Arnold.
Avec : James Darren, Pamela Tiffin.

Copie conforme de *Johnny Dark* (p.19). Sauf que l'impertinent ingénieur est désormais incarné par James Darren, vu dans *Hooker*. Sa trouvaille, cette fois ? Un moteur à turbine. Celui-là même que Chrysler et George Huebner ont développé pour le modèle Ghia de 1963 *(photo)*. Autre apparition pourvue d'intérêt : la vraie Jet Car Valkyrie, de Bill Frederick. Boucher de métier, il la bâtit dans son garage, dont il dut percer la porte. Mais son rêve était surtout de briser un record de vitesse, à Bonneville. Après un premier échec, en 1962, les assurances lui interdiront toute autre tentative, malheureusement. La Valkyrie deviendra dragster, puis finira en pièces détachées...

Universal Pictures

ROBERTO CARLOS A 300 QUILOMETROS POR HORA

Brésil, 1971. 1h32.
De : Roberto Farias.
Avec : Roberto Carlos, Erasmo Carlos.

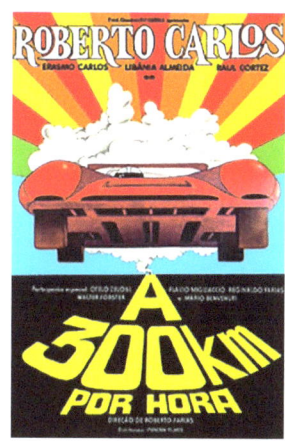

Le N°1 du box-office brésilien, en 1971. Et un bon témoignage de la Copa Brasil, éphémère compétition de voitures de Sport, dans les années 70. Les dernières minutes nous plongent dans l'édition 71, gagnée par un certain Emerson Fittipaldi (p.103). On y retrouve notamment la Lorena GT, première auto sportive *do Brasil*, et l'Avallone A11. Hein ? Une Lola T70 à bloc Chrysler, que pilote ici Roberto Carlos, une star de la chanson auriverde. Au rebours de son chef, le timide mécano qu'interprète l'artiste va l'engager dans une course à Interlagos, en secret. Nulle désir de tuer le suspense, mais le gentil gagne à la fin.

DANS L'ENFER DE MONZA

VO : *Nell'inferno del Grand Prix*
Italie, 1971. 1h30. De : James Reed.
Avec : Brad Harris, Giacomo Agostini, Graham Hill.

Un *Grand Prix* réduit ? Presque : on y retrouve Graham Hill, au rayon des personnalités à l'affiche. Voir le double champion de F1 dans une réplique de Lotus 49B prête à sourire, lui qui fut sacré avec l'originale en 1968 ! Autre surprise : le champion moto Agostini tient le volant d'une Lotus 41X F3. Cette prestigieuse tête de gondole s'appuie sur un joli stock d'images de F1, prises au cours de la saison 1969 (Espagne, Monaco, Canada). En plus produit : une course de F3 Europe, à Albi.
Le montage au rabais navre cependant par ses confusions (tel le GP du Canada mêlé à des images de Monza...). Et son scénario *discount* séduit à peine les ménagères : engagé par le team Clipper après une vaillante course monégasque, un jeune pilote (Ago) devient le rival n°1 de son équipier (Brad Harris). Sur la piste et en coulisses : ils partagent la même maîtresse. Pis : elle s'avère l'épouse du team-manager ! Qui souscrira à la carte fidélité ?

THE CHECKERED FLAG

USA, 1963. 1h50.
De : William Grefe.
Avec : Joe Morrison, Evelyn King.

Allez comprendre : une femme commandite le meurtre de son pilote de mari… par peur de le perdre ! Un drame prévu lors des 12H de Sebring 1962. Les douze premières minutes du long-métrage se consacrent à cette édition, où s'aligna Steve McQueen, sur l'Austin-Healey Sebring n°72 (abandon). Victoire de Jo Bonnier et Lucien Bianchi, sur Ferrari 250 TRI/61 n°23.
En dépit de la piètre qualité des images, le premier qui donne le nom de tous les pilotes visibles à l'écran gagne le film homonyme avec Rob Estes (p.80), en VHS. Qui veut jouer ?

Sans oublier…

Fever Heat (1968)
Pit Stop (1969)
Army Bound (1952)
Speed Crazy (1959)
Country Music (1972)

RIVALEN AM STEUER

Allemagne (ex-RDA), 1957. 1h34.
De : E.W. Fiedlar.
Avec : Axel Monjé, Wilhelm Koch-Hooge, Edelweiss Malchin, Christa Fügner.

Achtung : propagande soviétique ! Dans la fraîche Allemagne de l'Est, les succès en compétition des EMW/AWE face aux Porsche de l'Ouest n'ont pas manqué d'être portés à l'écran. Conçu de 1954 à 1956, le modèle R3/55 *(photo)* s'avère ainsi la star de ce film, inspiré de la vie de Manfred von Brauchtisch (p.13). Celle d'un pilote de la RDA, à qui tout réussit en RDA, au volant d'une auto de la RDA. Il s'expatriera pourtant en Amérique du Sud, vu alors comme un Eldorado. Mais cet exil se soldera par un échec. Il renouera avec ses racines et la firme EMW… pour vaincre l'ennemie RFA, *jawohl* !

L'histoire retiendra surtout que *Rivalen am Steuer* est réapparu en 2008, après un demi-siècle d'oubli. En 1957, en effet, le gouvernement de l'ex-RDA l'avait vite retiré des salles, puis laissé à l'abandon. La raison ? L'image donnée de l'Amérique du Sud, avec cactus et palmiers, pouvait éveiller des rêves d'évasion chez certains compatriotes…
Quant à la firme EMW/AWE (ou Automobilwerk Eisenach), née en 1955, l'étranger l'a connue sous l'estampille Wartburg. Jusqu'à sa disparition en 1991, avec la chute de l'URSS. La nostalgie, camarades…

WILD RACERS

USA, 1968. 1h23.
De : Daniel Haller.
Avec : Fabian, Mimsy Farmer.

THUNDER IN DIXIE

USA, 1964. 1h13.
De : W. T. Naud.
Avec : H. Millard.

THUNDER ALLEY

USA, 1967. 1h30.
De : Richard Rush.
Avec : Fabian.

Voici le film de voitures préféré de Tarantino, « *tourné comme un Antonioni* » ! Pourtant, le baratin du pilote de stock-car tentant sa chance en F1 et aux 24H du Mans, ça passe difficilement... Sauf quand on s'appelle Andretti ! Et puis, que le coureur aligne les victoires comme les déboires sentimentaux, on s'en moque autant que de sa F3 travestie en F1.
Mais les Daytona 500 de 1966 en scène d'ouverture, avec la Dodge #6 de David Pearson, sont à retenir. La première apparition au cinéma de Talia Shire, aussi. Neuf ans après, la soeur de Coppola et tata de Nicolas Cage atteindra la postérité en devenant Adrieeeeenne !

En 63, William T. Naud rejette le script de *La Grande Evasion*, préférant celui de ce nanar : un pilote de stock-car cocu par son meilleur ami. Cette année-là, John F. Kennedy se fera assassiner à Dallas. Ce n'est pas un sophisme. Vous pouvez vérifier.

Un lascar de Nascar devient cascadeur. Voilà. Remugle de *Fireball 500* (p.22). Avec les mêmes acteurs : deux chanteurs à minots jouant les acteurs. Ou l'inverse. Critiques assassines. Sortie mondiale : 1967. Aucune queue devant les Megastore.

Sans oublier...

Roaring Roads (1935)
Danger On Wheels (1940)
The Fast & The Furious (1954)
Track The Thunder (1967)
Ride 'Em Cowboy (1942)
Roar Of The Crowd (1953)
Burn 'Em Up O'Connor (1939)

THUNDER IN CAROLINA

USA, 1960. 1h32.
De : Paul Helmick.
Avec : Rory Calhoun, Alan Hale Jr, Connie Hines.

Amour, gloire et brutalité autour des Southern 500 de Darlington, en 1959. Deux ans plus tôt, cette épreuve devenait la toute première course de 500 miles de stock-car. Quelques images d'archives de la saison 1959, gagnée par Lee Petty, font acte de présence. Film médiocre. Mais que Dieu le garde... Nous, on n'a pas le temps !

THE CHALLENGERS

USA, 1970. 2h.
De : Leslie H. Martinson.
Avec : Darren McGavin, Anne Baxter.

Voici le tout premier téléfilm de la chaîne américaine CBS. Distribué dans moult pays, européens notamment, ce film tourné en 1968 avance avec une idée simple. Et même pas d'idée du tout : des pilotes courent pour la victoire, et contre la mort, à bord de monoplaces de Formule 3 affublées en F1...

ROADRACERS

USA, 1959. 1h14.
De : Arthur Swerdloff.
Avec : Joel Lawrence, Marian Collier.

BIKINI BEACH

USA, 1964. 1h39.
De : W. Asher.
Avec : F. Avalon, A. Funicelllo.

Attention : exclusivité ! Les amateurs éclairés de V8 des 50's seront aux anges, en effet. Les rarissimes Balchowsky Ol'Yaller MkI, Ak Millers El Caballo II *(photo, à gauche)* et Devin SS y tiennent les premiers rôles. De Laguna Seca à Riverside, ces GT sensationnelles accompagnent les tribulations d'un pilote qui veut laver l'affront de son père : ce dernier a préféré sponsoriser son plus sérieux adversaire, en cours d'année...

Aïe aïe aïe à Hawaï... Même emballage que le moyen *Fireball 500* (p.19). Même étiquette que le passable *Thunder Alley* (p.19). Plus produit : la présence du dragster « Snowboat » *(photo)*, propriété de Tommy Ivo mue par quatre blocs de 1 700 ch !

BURNING UP

USA, 1930. 1h.
De : A. E. Sutherland.
Avec : Richard Alen.

Un pilote, tête brûlée patentée, se lie avec des promoteurs de courses crapuleux. Malheureusement pour lui, la femme dont il vient de tomber amoureux s'avère être la fille d'une des victimes du gang... Une série de sérieux revers le remettront néanmoins sur le droit chemin. Avant la grande course...

SPEED LOVERS

USA, 1968. 1h42.
De : William F. McGaha.
Avec : William F. McGaha, Fred Lorenzen.

Speed Lovers n'est pas mauvais. Il est très mauvais. Le premier rôle avait pourtant de l'allure. Son nom : Fred Lorenzen *(photo)*. Star de la Nascar dans les années 60, vainqueur des Daytona 500 en 1965, le premier coureur à gagner plus de 100 000 $ par an joue là son propre personnage. Mais le script indigent ne l'aide pas vraiment : sur sa Ford Galaxy, ce gentil repousse les assauts de méchants pilotes, ainsi que de sa chef raide dingue de lui. Cool...

MASK OF DUST

Autre titre : *Race for Life*
GB, 1h09. De : Terence Fisher.
Avec : Richard Conte.

De retour de l'Armée, un pilote retrouve sa Connaught F2 *(photo)*. Mais il apprend que son rival n°1 agonise à l'hôpital. Dilemme : doit-il toujours considérer celui-ci en ennemi, ou faut-il faire la paix ? Défection, défécation ? Stirling Moss et Reg Parnell l'aideront à y voir plus clair.

MADEMOISELLE ANGE

VO : *Ein Engel auf Erden*
Allemagne, 1959. 1h26. De : Géza von Radvànyi.
Avec : R. Schneider, H. Vidal, M. Mercier, J-P Belmondo.

Romy Schneider, profession : ange gardien. Même si elle ne pourra rien contre la mort de l'acteur Henri Vidal, en 1961, l'actrice veille ici sur lui : un pilote de F1 en grand danger, au GP de Monaco 1959, remporté par le futur champion Jack Brabham.
Cette course ne figure qu'en début et fin de ce film mignonnet. Mais voir Sissi à califourchon sur la Maserati 250F n°26 du Monégasque André Testut *(photo)* doit se faire une fois dans sa vie... Dîtes amen et signez-vous.

Vintage 29

SPINOUT

VF : *Le Tombeur de ces Demoiselles*
USA, 1966. 1h30.
Avec : Elvis Presley.

Elvis n'y est pour rien. C'est son manager, ce satané colonel Parker, qui lui a imposé tout ça, ces films passables, à bon marché, générant des recettes maximales. Et *Spinout* ne déroge pas à cette série.
Comme de juste, le « King » y joue le « joli coeur », ce genre d'étiquette qui grate au fond du col... Au volant d'une AC Cobra, le pilote de Nascar qu'il incarne tente d'échapper à trois courtisanes hystériques. Car lui n'aspire qu'à la liberté ! Ben voyons... Heureusement, les très exclusives Elva M1A McLaren et Balchowsky Ol'Yaller MkIV partagent ici la vedette. *Don't stop rock'n roll* !

SPEEDWAY

VF : *A Plein Tube*
USA, 1968. 1h34. De : Norman Taurog.
Avec : Elvis Presley, Nancy Sinatra, Bill Bixby.

Du « King » et du kitsch. Beaucoup. Ici comme dans *Spinout*, le cinéaste Norman Taurog n'hésite pas à surexploiter l'image de *sex-symbol* de Presley. A un détail : l'Elvis pilote de stock-car n'est pas poursuivi par des groupies... Mais par le fisc ! L'inspectrice des impôts (Nancy Sinatra) ne résistera cependant pas à son charme... Les fans de Nascar seront, eux, séduits par la Dodge Charger 1967 de David Pearson (champion 66, 68, 69) que pilote le rocker. Les apparitions de vrais coureurs, tels Richard Petty, Buddy Baker et Cale Tarborough, ont contribué au succès du film, que la revue *Variety* analysait ainsi : *«Hormis les chants de Presley, l'intérêt des scènes, tournées au Charlotte Speedway, réside dans les excitantes courses de stock-car, où un crash par minute est quasiment assuré.»* Pas mieux !

HELL ON WHEELS

USA, 1967. 1h37.
De : Will Zens.
Avec : Marty Robbins, John Ashley, Gigi Perreau.

Marty Robbins est un habitué des pistes et des tours. Sur speedways et sur vinyles. Car ce chanteur de country s'est frotté à la Nascar, enregistrant 6 Top Ten en 35 départs ! Il tâta aussi du cinéma. Ainsi, sa Plymouth Savoy 1962 de course s'incruste dans ce film, sans budget ni intérêt : un pilote voit son mécanicien de frère lui déclarer la guerre. *Casus belli* ? Le coureur lui a chipé sa petite-amie...
Mais les scènes faiblardes n'honorent pas l'artiste-pilote, héroïque aux Charlotte 500 de 1974 : pour ne pas défoncer Richard Childress, bloqué dans son auto sur la piste, il s'était projeté contre le mur à 250 km/h. Et avec dégâts...

POUR PLAIRE A SA BELLE

VO : *To Please a Lady*
USA, 1950. De : Clarence Brown.
Avec : Clark Gable, Barbara Stanwyck.

« Franchement, ma chère, c'est le cadet de mes soucis. » Par cette réplique finale d'*Autant en Emporte le Vent*, en 1939, Clark Gable s'est imposé comme le mâle absolu. Une virilité désormais sévèrement peroxydée... Et si *Pour Plaire à sa Belle* résiste au temps, c'est seulement grâce à ses scènes de course prises lors de la 34ème édition d'Indy 500, en 1950. L'occasion d'y admirer l'apparition du vrai vainqueur de cette épreuve, Johnny Parsons. Sans oublier Walt Faulkner, devenu le premier *rookie* à réaliser la pole-position à Indy, cette année-là. On notera enfin l'apparition d'Henry Banks, que les cinéphiles ont déjà salué dans un long-métrage d'Howard Duff, *Roar of the Crowd*.

Mais la Kurtis Kraft 2000 « Don Lee Special » de Gable vaut le coup d'oeil : cette midget avait terminé à la cinquième place des 500 miles d'Indianapolis 1948. Son pilote Mack Hellings signera là son meilleur résultat. Une performance plus marquante que le scénario de ce film, en somme : pilote rugueux, le « Roi d'Hollywood » se fait attaquer par une journaliste, à l'esprit carré. Pas impressionné pour un rond, le dure-à-cuire finira par lui coller une beigne, avant de lui rouler un patin. Puis de lui susurrer : *« Pour moi, vous n'êtes qu'une gonzesse comme les autres. »* Rien que pour ça...

SPEED

USA, 1936. 1h10.
De : Edwin L. Marin.
Avec : J. Stewart.

Tout arrive. Même voir James Stewart atteindre les 230 km/h sur le lac séché de Muroc, pour son tout premier rôle au cinéma ! L'ingénieur qu'il interprète réalise cet exploit pour démontrer les vertus d'un carburateur avant-gardiste. Et pour impressionner les filles, un peu aussi...

Le prototype se révèle être une Emery Falcon. Ne cherchez pas : l'engin a été conçu spécialement pour le film. Développée par le pilote Harlan Fengler, l'auto de 8 m de long s'anime d'un bloc 8-cylindres en ligne et repose sur une Cord L-29. On la reverra sous les noms de Thunderbowl Comet, puis de Golden Eagle Special, après le tournage. Avant de faire la joie de certains revendeurs de pièces détachées...

Salué par la presse de l'époque, *Speed* se targue d'extraits d'Indy 500 en 1936. La dernière scène ne reste cependant qu'une reproduction d'un record de vitesse de Sir Malcolm Campbell. Celui du 3 septembre 1935, lorsque sa Bluebird avait atteint la vitesse de 484 km/h.

La Plymouth Superbird de 1970 de Richard Petty, légende de la Nascar, immortalisée dans *Cars* (p.34). © Walt Disney Pictures/Pixar Animation Studios

JEUNESSE

CARS

USA, 2006. 1h57.
De : John Lasseter, Joe Ranft.
Avec : Owen Wilson, Paul Newman, Richard Petty, Michael Schumacher.

Même que c'est vrai. Rien ne met plus en retard que de rouler à 300 km/h dans la mauvaise direction. C'est ce qu'il dit mon papa, d'abord. Et un peu ce film, aussi : quand un pilote va trop vite, il ne peut ralentir que sous la contrainte. Quelque part, on dirait que le créateur de ce film d'animation, John Lasseter, serait content si l'Occident daignait en faire autant...

Son Amérique à lui, au cinéaste, c'est Flash McQueen. Une Chevrolet Monte-Carlo de Nascar - pardon, de « Piston Cup » - obsédée par la course. Pour Flash, au commencement était le verbe « gagner ». Et la fin de l'histoire doit rimer avec victoire. Forcément.

Seulement voilà : pendant qu'il se dirigeait vers la course la plus importante de sa carrière, une erreur d'aiguillage l'accule dans la ville abandonnée de Radiator Springs, sur la Route 66. Parmi tous ceux-là, les autres, les autochtones, les ploucs, les beaufs, les vioques, les laissés-pour-compte... Lasse d'en être là, notre Chevrolet jeune et dynamique devra pourtant cohabiter. En premier chef, avec le maire de la cité, une Hudson Hornet 1951 au passé aussi prestigieux que mystérieux. Et puis, il y a Martin également, une Chevrolet 3800 en mode dépanneuse, un peu naze, un peu niaise, mais sur qui on peut toujours compter.

De plus, Flash McQueen croisera le regard de Sally, une élégante Porsche 911 type 996. A ses côtés, il va découvrir que la vie dépasse le circuit, les trophées, la gloire, les sponsors, et tout et tout...
C'est en 1998 que John Lasseter et Joe Ranft, les créateurs de *Toy Story*, ont entamé l'aventure *Cars* : « Nous avions vu un documentaire, "Divided Highways", *sur une autoroute inter-Etats dont la construction avait affecté les petites villes. Emus par ce film, nous avons alors songé à la vie de ces lieux que le passage de l'autoroute avait plongé dans l'oubli* », raconte Lasseter.
Trois ans plus tard, l'équipe technique s'embarquait pour un périple de neuf jours sur la Route 66, à la découverte des lieux et personnages qui ont mythifié cet axe routier. Le résultat ? Ce film : hallucinant ! On applaudit des quatre roues la créativité jubilatoire, l'intelligence du scénario, l'humour tout public, et la virtuosité picturale de Lasseter. Preuve de son perfectionnisme : une seconde d'images pouvait nécessiter plusieurs jours de travail ! Vrai de vrai.

CARS 2

USA, 2011. 1h46.
De : John Lasseter, Brad Lewis.
Avec : Owen Wilson, Lewis Hamilton.

Il y a des gens pour dire que cette suite de *Cars* n'est même pas trop bien. Que le grand spectacle « made in Disney » a fait du mal à l'humour et à l'humanité si particuliers des studios Pixar, rachetés par Mickey, en 2006... C'est pas faux. Car on le voit bien, ici : les malins ont pris le pouvoir. Fini la poésie. Bonjour les algorithmes ! Ceux des tiroirs-caisses, des bons sentiments calculés, des insinuations politiques mal placées... Regardez : parmi F1, WRC, DTM, Protos, le champion de stock-car Flash McQueen s'engage en World GP, un championnat promouvant les vertus du biocarburant. Mais un puissant lobby pétrolier veut saboter la compétition... jusqu'à souhaiter le mort de notre héros, soupçonné d'espionnage ! Voyons...

POLE POSITION

France/USA, 1984.
13 épisodes (24 min.).
De : Jean Chalopin.

Jean Chalopin aura bercé tous les enfants des années 80 : on lui doit (presque) tous les dessins-animés d'alors, d'*Ulysse 31* à *Mask*, d'*Inspecteur Gadget* aux *Entrechats*, des *Minipouss* aux *Popples* ! Sans parler de *Pole Position*, du nom d'une organisation secrète pour laquelle travaillent les cascadeurs Luc et Lise Darret. Mais ces deux frère et soeur n'accompliraient la moindre mission sans leurs autos Turbo et Zoom. Les garçons reconnaitront, sans souci, une Mustang rouge sous les traits de Zoom. En revanche, on se demande encore si Turbo, la GT bleue aux airs de Giugiaro, s'inspire d'une Alfa Carabo ou d'une Maserati Boomerang. Ou bien d'une Lancia Stratos Zero. Ou encore d'une Porsche Tapiro. Et s'il s'agissait d'une Holden Hurricane ?

TURBO

USA, 2013. 1h36.
De : David Soren.
Avec : Ryan Reynolds, Samuel L. Jackson, Maya Rudolph.

Ça flashe, ça vrombit, ça trace, ça gouzille, ça espère, ça se perd, ça gagne... Et ça en bave pour le premier film d'animation de David Soren, un ex de Pixar. Dans un scénario en ligne droite, Turbo s'avère un escargot tout chaud, trempé dans l'huile de vidange. Obsédé par la vitesse, il n'a qu'un but : courir à Indy 500 !
Une leçon à retenir ? *« Aucun rêve n'est trop grand, aucun rêveur trop petit. »* Oui : ici, morale et métaphore semblent faire beaucoup pour les plus de 3 ans... L'humanité des personnages et le dessin des Dallara d'IndyCar sauvent heureusement la mise de ce film. Ni bon ni mauvais. Mais pas loin. A l'image du gastéropode Braise : une femelle, cherchant à faire sa place dans un monde d'hommes. Sauf que les escargots sont hermaphrodites... Cette confusion n'inspire qu'une réflexion : dommage.

ROARY

VO : *Roary, The Racing Car*
GB, 2007. 55 épisodes (10 min.).
De : David Jenkins.

Marre de Dora ? Voici Roary : une adorable F1 rouge, qui joue tout le temps à la course, sur le circuit de Capot d'Argent. En anglais, ce tracé devient « Silver Hatch », mix de Silverstone et de Brands Hatch, où le créateur de la série (David Jenkins), a dirigé le service marketing pendant quatre ans. Avant de présenter son idée de film au père de la série *Bob le Bricoleur*... Dans la version *british*, chaque épisode débute et s'achève par une narration de Stirling Moss. Aux USA, c'est Sam Hornish Jr qui prête sa voix. Dans sa déclinaison française, en revanche, aucune star du sport auto ne s'est livrée à cet exercice. Mais nos têtes blondes notent, elles, que le circuit appartient à un certain M. Grossous. L'ex-patron de Jenkins appréciera...

PINCHCLIFFE GRAND PRIX

VO : *Flåklypa Grand Prix*
Norvège, 1975. 1h28.
De : Ivo Caprino.

Une fierté nationale : ce film d'animation de 1975, conçu en *stop-motion* (image par image), demeure le plus gros succès du cinéma en Norvège, avec 5,5 millions d'entrées en salles... pour un pays de juste 4 millions d'habitants !

Chaque Noël désormais, la télévision locale diffuse cette histoire de Théodore Janten-en-alu : un réparateur de vélos et inventeur fou qui, un jour, voit son ex-assistant remporter un championnat automobile grâce à l'une de ses trouvailles. Afin de récupérer son bien, il défiera ce gouape à Pinchcliffe, la plus prestigieuse des courses, au volant de *Il Tempo Gigante*... dont une réplique arpente les routes norvégiennes ! La bête (2,7 tonnes) s'attèle à un 7.6 V8 Chevy de 540 ch, dont le vacarme proscrit l'auto en UE ! Avant-gardiste, remarquable de précision, *Pinchcliffe* a même inspiré George Lucas, pour imaginer ses courses-poursuites dans *Star Wars* ! Le must : en voyant *Il Tempo Gigante*, à 5 ans, Christian von Koenigsegg s'était juré de fabriquer une supercar, un jour, plus tard, quand il sera plus grand... En 2014, sa One:1 forte de 1 360 ch deviendra la première mégacar de l'histoire.

Ci-contre : la voiture-vedette du film, Il Tempo Gigante, une réplique à taille humaine (6,70 m de long et 2,48 m de large) circule sur les routes de Norvège !

LES FOUS DU VOLANT

VO : *Wacky Races*
USA, 1968. 24 épisodes (11 min.).
De : William Hanna, Jospeh Barbera.

Casse-pieds VS bras-cassés. A bord de leur Démone Double-Zéro Grand Sport, l'affreux Satanas et son chien Diabolo tombent dans tous les mauvais tours qu'ils dressent à leurs farfelus adversaires. Et à chaque course. Pour imaginer leur *cartoon*, Hanna et Barbera se sont inspirés du film *The Great Race* (p.52), sorti trois ans plus tôt, et du Professeur Fatalitas.

Sans oublier...

- Michel Vaillant (1990)

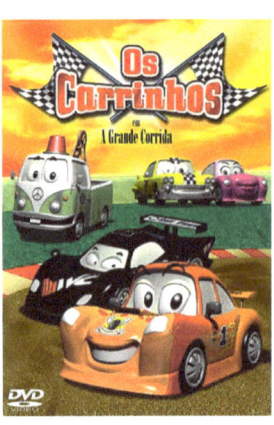

OS CARRINHOS

Brésil, 2006.
29 épisodes (15 min.).
De : Ale McHaddo.

Copié-callé... Pâle plagiat de *Cars*, cette série *do Brasil* ne fait aucune référence à Senna ou tout autre pilote national. D'autant que le casting compte un Michael Chumassa... Juste injuste.

SHORT TRACK

USA, 2008. 1h40.
De : Marie Hopkins.
Avec : Pepper Sweeney, Joshua Snyder.

Un champion d'UARA-STARS songe à la retraite, alors que son fils sourd et son gendre veulent prendre la relève.

GRAND PRIX

VO : *Grand Prix No Taka*
Japon, 1977. 44 épisodes (25 min.).
De : Kôgo Hotomi.

Pow ! Blop ! Wiiizzz ! Héros d'un *manga*, Johnny Tornade vroooar est sorti de sa bulle en 1977 pour s'essayer au *cartoon* - diffusé en France en 1989. Vrooom-vroom ! On y suit le parcours de ce pilote amateur, perclus d'espoirs et de doutes, mais qui atteindra la F1 grâce au soutien d'un certain… Niki Lauda ! Vroooorwooaaa !!!

SPEED RACER

VO : *Mach GoGoGo*
Japon, 1967. 52 épisodes (30 min.).
De : Tatsuo Yoshida.

Rêve + évolution = révolution. Cette équation, Tatsuo Yoshida l'a résolue en 1967, en lançant *Speed Racer* : le premier dessin-animé de genre action-aventure. Jusqu'alors, cet exercice ne jurait, en effet, que par l'humour. Les tribulations du jeune pilote Go Mifûne ont donc marqué toute une génération d'enfants, notamment américains. D'autant que le héros s'inspire d'Elvis Presley dans *Viva Las Vegas*. Quant à sa Mach 5, il s'agit d'un mix de Ferrari 250 Testa Rossa et de l'Aston DB5 de *Goldfinger*. Insolite : les vérins pneumatiques qui élèvent la monture sont aujourd'hui utilisés en Nascar, IndyCar et DTM dans les stands !

FUTURE GPX CYBER FORMULA

Japon, 1991.
37 épisodes (26 min.)
De : H. Yatate.

Une source d'inspiration pour la F1 du futur ? Craignons-le. Car les monoplaces de Cyber Formula s'équipent de moteur antipollution et d'ordinateurs limitant les risques d'accident. Mais le plus jeune pilote (14 ans !) du championnat devra repousser les assauts de mercenaires, avides de récupérer cette technologie à des fins militaires. En chemin, il apprendra aussi la vie, autant qu'avoir la meilleure voiture n'assure pas la victoire. Demandez à Lewis Hamilton…

LA COCCINELLE A MONTE-CARLO

VO : *Herbie Goes to Monte-Carlo*
USA, 1977. 1h45. De : Vincent McEveety.
Avec : Dean Jones, Don Knotts, Eric Braeden.

Selon Victor Hugo, « *nul n'ira jusqu'au fond du rire d'un enfant* ». Sauf la VW Coccinelle. Née d'une exigence d'Adolf Hitler, en 1937, la « Voiture du Peuple » rencontre d'emblée un tel succès qu'elle suscite l'intérêt de tous les médias. Et en 1969, mesurant l'engouement du public et son potentiel commercial, Walt Disney décide d'en faire une star de cinéma. Il la baptise « Choupette », puis lui crée une saga dont *La Coccinelle à Monte-Carlo* est le 3è opus.

Engagée dans un rallye Paris-Monaco, la VW s'avère la risée des participants, notamment d'une Laser 917. Mais elle devra surtout repousser les assauts de gredins qui ont caché des diamants dans son réservoir... Détail qui tue : le bouchon du réservoir a été greffé sur une aile de l'auto, alors que celui du modèle de série se loge sous le capot.
A noter qu'en 1971, les Allemands ont également mis en scène leur fierté nationale dans une série : *Superbug*.

LA COCCINELLE REVIENT

VO : *Herbie : Fully Loaded*
USA, 2005. 1h15. De : Angela Robinson.
Avec : Lindsay Lohan, Justin Long, Matt Dilon, Michael Keaton.

Porter une double initiale à l'instar de Brigitte Bardot, Claudia Cardinale ou Marilyn Monroe ne fait pas de vous un sex-symbol d'Hollywood. Pas plus que ça ne porte bonheur... Star déchue avant même d'avoir été, la fille-à-paparazzi Lindsay Lohan l'admet enfin, elle qui n'a connu que deux succès : *The Canyons* (2014), et ce dernier opus de la saga *Coccinelle*.
L'actrice retrouve la « Choupette » n°53 dans une casse familiale, délaissée depuis son périple mexicain en 1980. Remise en forme, l'auto s'engagera en Nascar, aux côtés de vrais pilotes comme Jeff Gordon, Jimmie Johnson, ou le champion 1973, Benny Parsons.
Malgré des images prises lors Target House 300 et Pop Secret 500, en 2004, les scènes de course affligent... Et puis, le concept de la voiture « vivante » ne fait plus rire depuis le siècle dernier. Bref, « *sans autre ambition que de divertir* » ? Oui. Ce qui n'est pas si mal...

TA RA RUM PUM

Inde, 2007. 2h37.
De : Siddarth Anand.
Avec : Saif Ali Khan, Rani Mukherjee, Jaaved Jaffrey.

Big Ba Da Boum... Pourquoi ce scénario vu et revu d'un champion d'ARCA devenu pauvre taximan, avant de retrouver la gloire ? Pourquoi la Chevrolet Monte-Carlo prend le nom de la citadine Aveo ? Et pourquoi cette horrible scène du môme si affamé qu'il mange... du verre ?! Pourquoi ? Pour expliquer ce *masala*, on ne voit qu'une seule raison : Bollywood.
Le conte *Ta Ra Rum Pum* a toutefois le mérite de nous rappeler un peu le parcours d'un authentique as du volant : Alain Oreille. Double champion du monde des rallyes Groupe N (1989-1990), le Français reste le seul pilote à avoir gagné une manche WRC avec une auto de sous-division. C'était en Côte d'Ivoire 1989. Un exploit que Renault avait salué par une série limitée « Alain Oreille » de sa Super 5 GT Turbo. Retiré des rallyes mondiaux depuis le RAC 1996, il joue désormais les chauffeurs de taxi, à l'aéroport de Marignane.

KART RACER

Canada, 2003. 1h34.
De : Stuart Gillard.
Avec : Randy Quaid, Will Rothhaar.

Depuis la mort de sa femme, un ancien champion du monde de karting n'est plus vraiment du genre à apprendre, à son fils adolescent, la conjugaison à tous les temps du verbe « péter ». Le fiston va néanmoins parvenir à raviver leur relation en se lançant, à son tour, dans le bain du go-kart.

Jeunesse

FAST GIRL

USA, 2008. 1h35.
De : Daniel Zirilli.
Avec : M. Monroe.

Une jeune pilote en Pro Mazda (et doublée par Maryeve Dufault) cherche à vaincre sa peur du virage 8, sur le circuit de Willow Springs. Et pour cause : son père s'y est tué... Voir une fille courir dans cette antichambre de l'IndyCar n'est pas une incongruité. Julia Ballario, Michele Bumgarner et Vicky Paria ont participé à la saison 2014. Rien que ça !

LE DEFI DE KYLIE

VO : *The Circuit*
USA, 2008. 1h28.
Avec : M. Trachtenberg.

Vous avez dit « camion » ? Surfant sur la vague Danica Patrick (voir p.126), ce téléfilm poussif étrenne les poncifs les plus éculés de la jeunesse occidentale tête-à-claque.
Jugez-en : une demoiselle profite du licenciement de son père, pilote de stock-car sur le déclin, pour récupérer son baquet ! Sans le moindre état d'âme : de toute façon, elle ne lui parlait plus depuis la mort de sa mère, alors... Alors quoi ? Chiper le job de son parent ne constitue pas un motif suffisant pour renouer ces liens qu'elle a rompus ? Ni pour demander pardon ? Non.
Dans cet agréable guide pédagogique, votre tête blonde apprendra enfin comment la pimbêche s'initie à la course. Comment ? En se perdant dans les bras de partenaires divers. On en est là...

TOONED

Grande-Bretagne, depuis 2012. 3 min (+ de 20 épisodes).
De : McLaren Animation Avec : Alexander Armstrong, Jenson Button, Lewis Hamilton, Sergio Perez, Kevin Magnussen, Tony Stewart.

Mission accompli. L'écurie de Formule 1 McLaren a voulu, en 2012, retirer son étiquette austère, collée par son patron obsédé par la perfection, Ron Dennis. Comment ? En créant une série d'animation, diffusée sur des chaînes anglaises à chaque GP. Modélisés en CGI – à l'image de *Toy Story* – les pilotes de Woking doivent ici se plier aux truculents tests imposés par leur flegmatique directeur technique. Pour ses 50 ans, le deuxième plus beau palmarès de la F1 (182 succès, 12 titres pilotes, 8 sacres constructeurs - chiffres arrêtés à 2014) a aussi dressé des portraits loufoques de ses légendes (McLaren, Senna, Prost, Hunt, Fittipaldi, Häkkinen). Les épisodes sont visibles sur la chaîne Youtube du team. Immanquable !

RIGHT ON TRACK

USA, 2003. 1h29.
De : D. Dunham.
Avec : B. Mitchell.

La star du dragster, Erica Enders, à qui rend hommage *Right on Track*. © DR

Une histoire pour de vrai, en fait. Les deux filles là, en fait, on dirait les soeurs Enders, prénommées Erica et Courtney. En fait, ça raconte quand elles gagnaient en dragster junior, avec de vrais pointes à 130 km/h, en fait ! Chez les grands, aujourd'hui, Erica Enders *(photo)* est tellement trop forte qu'elle tient tous les garçons par la barbichette.

La Grande Course Autour du Monde (p.52). © Warner Bros

COMÉDIE

RICKY BOBBY : ROI DU CIRCUIT

VO : *Talladega Nights : The Ballad of Ricky Bobby*
USA, 2006. 1h48. De : Adam McKay.
Avec : W. Ferrell, J. C. Reilly, S. B. Cohen.

Attention : humour... Un champion de stock-car voit sa popularité malmenée par un pilote français (?) vierge (!), sponsorisé par Perrier (!!) et hégémonique en F1 sur Minardi (!!!).
Pour la partie ludique, des scènes ont été capturées durant la saison 2005 de Nascar. Et comme toujours, Will Ferrell fait son intéressant. Comme rester cloué sur une chaise roulante. Se croire paralyser. Prendre un couteau. Le planter dans sa jambe. Crier *« aïe »*. Vous riez. Même au slogan : *« L'histoire d'un homme qui ne pouvait compter que jusqu'à 1. »* Et insolent, avec ça !

MUSS MAN SICH GLEICH SCHEIDEN LASSEN ?

Allemagne, 1953. 1h31.
De : Hans Schweikart.
Avec : Hardy Krüger, Ruth Lauwerik, Tilda Thamar.

Mein Gott ! Cette comédie légère arbore une Formule 1 *sehr* historique : la Veritas Meteor à moteur BMW ! Il s'agit de la première auto germanique engagée en Championnat du monde de F1, de 1951 à 1953. Avec une 7è place au GP d'Allemagne 1952 pour meilleur résultat.
Ici, la firme d'Ernst Loof enrôle pour pilote le comédien Hardy Krüger. Et alors ? Le coureur se blesse après avoir crashé cette Veritas sur le périlleux tracé du Nürburgring. Le problème ? Durant sa convalescence, il tombe amoureux d'une femme, devenue son amante. Souci ? Il est marié. L'embarras ? La jeune maîtresse raconte tout à son épouse. L'ennui ? La cocue se vengera de son mari, en le trompant avec un séduisant chirurgien. Le hic ? Le médecin est, lui, amoureux de l'amante du coureur !
Certes, pas de quoi faire passer Tokyo Hotel pour Nina Hagen. Mais bonne qualité générale. Livrée crédible. Non ? Si.

CASTELLO CAVALCANTI

USA/Italie, 2013. 8 min.
De : Wes Anderson.
Avec : Jason Schwartzman.

« *E pericoloso sporgersi ?* » Oui : il est toujours dangereux de se pencher, sur la route ou sur son passé. Autant qu'il est périlleux de ne pas regarder devant soi. Jed Cavalcanti ne s'en est pas souvenu...

Ainsi, dans l'Italie de 1955, ce pilote fictif va écraser sa simili-Maserati 4CLT carénée, contre une statue. Cet accident se produit au milieu d'un village-étape des Molte Miglia, tel un joli clin d'oeil aux prestigieuses Mille Miglia ! Et bien sûr, ses rivaux en Alfa Romeo 6C 1750, Bugatti Type 35, Morgan +4 Competition et Alfa 20/30 le laissent sur place.

Contraint à l'abandon, Cavalcanti fait alors connaissance avec les villageois, découvrant qu'ils sont tous de sa famille ! Cette fable sans morale a été réalisée pour le compte du couturier Prada. Où est le rapport ? On cherche encore... Mais par son humour absurde, son élégance et son souci du détail, l'oeuvre de Wes Anderson a surtout offert un aperçu de *The Grand Budapest Hotel*, sa comédie chic sortie en mars 2014. Car on y retrouve ce penchant pour le vertige, l'étourdissement, la chute incontrôlée... Et ce même constat : renversant !

Sans oublier...

Munster, Go Home ! (1966)
Cannonball Run 2 (1984)
Speed Zone (1989)
Les Ringards (1978)
Eat My Dust (1976)
State Fair (1962)
Jalopy (1953)

Golden Harvest Company

L'EQUIPEE DU CANNONBALL

VO : *The Cannonball Run*
USA, 1981. 1h35. De : Hal Needham.
Avec : B. Reynolds, R. Moore, F. Fawcett.

Ça devait débuter comme ça. Brock Yates avait déjà tout écrit. Tout. Le premier rôle devait même revenir à Steve McQueen. Et le film se vouait uniquement à l'action pure. Mais la mort de la star allait tout chambouler...
Enfin presque tout : le script s'inspirera toujours d'une vraie course illégale, le *Cannonball*, disputée aux USA de 1973 à 1978, puis en Europe de 1980 à 1986.
A l'affiche cependant, le rôle vacant reviendra à Burt Reynolds, qui devint ainsi l'acteur le plus cher d'Hollywood ! Et surtout, le film se déclinera en version loufoque, comme le souligne la Dodge Tradesman avec laquelle Reynolds compte gagner l'épreuve : il s'agit d'une ambulance ! D'ailleurs, le réalisateur Needham et le scénariste Yates ont vraiment participé à l'édition 1978 avec cet engin, fort d'un 8.0 V8 Chevy de 500 ch !
A sa sortie en 1981, le film sera un succès total. Au point que la production exploitera le filon avec un *Cannonball 2* (1984) sans intérêt, suivi d'un troisième volet en 1989, *Speed Zone*, qu'on n'en parle plus.

THE GUMBALL RALLY

USA, 1976. 1h45.
De : Charles Bail.
Avec : Michael Sarrazin, Gary Busey.

Le feu vert : cool. Le feu rouge : pas cool. Et le feu orange ? Hein ? L'angoisse de l'incertitude. La frénésie de la transgression qui va avec. Passera ? Passera pas ?
Parfois possible. Parfois pas possible.
Ou presque.
Défaillances des institutions. Vide juridique. Une vie en AC Cobra et Ferrari Daytona gâchée. A en déchiqueter le Dalloz.

SIX PACK

USA, 1982. 1h48.
De : Daniel Petrie.
Avec : Kenny Rogers, Diane Lane, Erin Gray.

Une nounou d'enfer, ce Kenny Rogers. Dans son sixième film, le chanteur country se mue en un pilote de Nascar qui découvre, un beau matin, sa Chevrolet Camaro de compétition complètement dépouillée ! Les gouapes ? Six orphelins. Mais après les avoir corrompus, le shérif refuse de les poursuivre... Le coureur se retrouve alors avec tous ces bambins dans les bras. Leurs talents de mécaniciens vont toutefois le ramener au succès.
Les Coca-Cola 500 d'Atlanta 1982 investissent la scène finale de ce film familial. Une manche de Nascar au podium de rêve : Darrell Waltrip, Richard Petty, Cale Yarborough.

STROKER ACE

USA, 1983. 1h36.
De : Hal Needham.
Avec : Burt Reynolds, Ned Beatty, Jim Nabors.

Et son culte, c'est du poulet ? Pour satisfaire son sponsor, le pilote moto Valentino Rossi n'a, lui, jamais eu de scrupule à se déguiser en gallinacé. Pas Burt Reynolds, alias « Stroker Ace ». Fier comme un coq, ce champion de Nascar, sorti d'un roman de William Neely (*Stand On It*), vole dans les plumes de celui qui l'a pris sous son aile, un producteur de poulets fermiers. Car son mécène lui impose des représentations ridicules, l'obligeant à arpenter les stands affublé en cocotte, par exemple... Las de jouer les bons pigeons, le coureur veut à tout prix casser son contrat, quitte à perdre ses courses... Sans jamais y parvenir !
Une comédie bête comme une oie, dont les figurations de tous les grands pilotes d'alors n'ont pas empêché le jury des Razzies de le nommer parmi les pires films de l'année 1984.

I DUE DELLA F1 ALLA CORSA PIÙ PAZZA, PAZZA DEL MONDO

Italie, 1971. 1H30.
De : Osvaldo Civirani.
Avec : Franco Franchi, Ciccio Ingrassia.

Mamma mia ! Pour remplacer son pilote kidnappé (clin d'oeil au GP de Cuba 1958 ? voir p.12), le patron d'une écurie de F1 ne songe rien de moins qu'à enrôler deux réparateurs d'appareils électroménagers ! Il faut dire que ces derniers ont créé une télécommande pour guider à distance l'engin, une F3 en réalité. Des extraits du GP d'Italie de F1 1970 *(photo)* viennent illustrer cette loufoquerie transalpine. Une course tristement célèbre pour la mort de Jochen Rindt (p.101), durant les essais. Heureusement, l'épreuve reste également mémorable pour la première victoire de Clay Regazzoni, sur Ferrari.

DELITTO IN FORMULA UNO

Italie, 1984. 1h38.
De : Bruno Corbucci.
Avec : Tomas Milian, Pino Colizzi, D. Lassander.

Sans rire ! D'emblée, la scène d'intro suscite les ricanements avec ses images du GP de F1 d'Italie 1979 confondues avec celles de l'édition 1977... Mais les (stupides) courses-poursuites en (ridicules) mini-monoplaces dans Rome, sur fond de musique (idiote) confinent au grotesque. Quant au script... Un pilote se tue à Monza. On croit alors à un simple accident. Jusqu'à ce que le super-flic Nico Gorladi infiltre son look d'homme des tavernes dans les paddocks. *Lot of laugh*...

GENEVIEVE

GB, 1953. 1h26.
De : Henry Cornelius.
Avec : Dinah Sheridan, J. Gregson, K. Kendall.

En voiture, Simone ! Disputé chaque premier dimanche de novembre, le rallye Londres-Brighton reste la plus vieille course existante. Née en 1896, elle célébrait une loi, la « Locomotives Act », qui éleva la limitation de vitesse pour mieux vanter les mérites des voitures ! C'était le temps où filait Berthe. Depuis 1927, plus de ça, Lisette : ce rallye de régularité ne convie plus que des autos nées avant 1905...

C'est néanmoins à l'épreuve d'origine que prend part la « Geneviève » : une Darracq 10/12 HP Type O de 1904, que son propriétaire préfère à sa propre Julie. Celui-ci s'inscrit à l'épreuve avec un ami, célibataire endurci, qui rencontrera l'amour et la victoire, à bord de sa Spyker 14/18 HP. Au retour, les deux couples cumuleront les embarras et se chanteront Ramona...

Exquise, cette comédie sera nommée aux Oscars du meilleur scénario, en 1955. Mais le réalisateur est reparti de la cérémonie «Fanny»...

LA GRANDE COURSE AUTOUR DU MONDE

VO : *The Great Race*
USA, 1965. 2h37. De Blake Edwards.
Avec : Tony Curtis, Jack Lemmon, Natalie Wood, Peter Falk.

Supercalifragilisticexpialidocious ? C'est vite dit. D'un ramage loufoque sous un plumage burlesque, cette comédie ne s'inspire pas de *Mary Poppins*, sorti un an auparavant, mais de Laurel & Hardy. D'une véritable épreuve, aussi : « The Great Race », disputée en 1908.
Organisé par les journaux *New York Times* et *Le Matin*, ce rallye très médiatisé ralliait New York à Paris, sur 35 400 km ! Après sept mois de course, l'Américain George Schuster sera le premier arrivé à la récente Tour Eiffel, sur une Thomas Flyer 35.
Devant la caméra de Blake Edwards, toutefois, c'est le perfide Pr Fatalitas (Jack Lemmon) qui cherche à remporter ce marathon. A tout prix. Coûte que coûte. Niark niark niark ! Avec l'aide de son valet (le futur Colombo), il ourdit des pièges farfelus contre sa principale cible (Tony Curtis). Mais ses stratagèmes se retournent tous contre lui ! Et en moins de temps qu'il n'en faut à un éjaculateur précoce pour prendre congé de Natalie Wood. Celle-ci incarne une participante inopinée, qui use de son métier de reporter pour s'installer tantôt dans la voiture du gentil, tantôt dans celle du méchant.
Ne travaillant pas pour une revue automobile, elle ne va malheureusement pas les interroger sur leurs Hannibal 8 et Leslie Special Stanley Model 62, deux autos conçues spécialement pour ce film. Et on le regrette !
En revanche, on sait qu'Hanna & Barbera ont pris de sacrées notes pour imaginer l'un de leurs dessins-animés cultes. Même le nom était tout trouvé : *Les Fous du Volant* (p.38).

Warner Bros

GONFLES A BLOC

VO : *Monte-Carlo or Bust !*
GB/France/Italie, 1969. 2h10. De : Ken Annakin.
Avec : Tony Curtis, Terry-Thomas, Peter Cook, Bourvil, Mireille Darc, Gert Fröbe.

Les Merveilleux Fous Volants Dans Leurs Drôles de Machines (suite). Après avoir perdu la moitié de sa société au poker, Sir Cuthbert Ware-Armitage crée un rallye dans le but de la récupérer. Le premier arrivé à Monte-Carlo récolte, en effet, l'intégralité de ses biens !
Pour les besoins de cette farce déjantée, la Paramount a claqué le budget faramineux de 10 millions de $. Admirez le casting de luxe : Aston Martin 2-Litre de 1936 *(photo)*, Peugeot 172 M Torpedo, Lancia Lambda Torpedo, Lea-Francis Special, sans parler d'une bestiale réplique de Mercedes SSK sur base d'AC Cobra.
Depuis, la comédie a inspiré une réelle épreuve, à but humanitaire. A travers la France, les 80 équipages doivent résoudre tous les pépins rencontrés par les personnages du film. Seule exigence à l'inscription : la valeur des autos ne doit pas dépasser 250 £ (300 €). Site web : *www.montecarloorbustrally.com*.

LE BIDON D'OR

France, 1932. 1h15.
De : Christian-Jaque.
Avec : Raymond Cordy, René Poyen, Pierre Dac.

La pépite. Pierre Dac pourrait lire des plaques minéralogiques en roulant qu'on crierait au génie. Les Amilcar de l'Equipe de l'Ours Martin et les Licorne des frères Galoisy suivent le rythme, à Montlhéry. Le pilote Robert Sénéchal, papy de Patrick Zaniroli, avait décidément de l'allure. Le reste...

Steve McQueen dans *Le Mans* (p.56). ©Tag Heuer

DRAME

LE MANS

USA, 1971. 1h46.
De : Lee H. Katzin.
Avec : Steve McQueen, Siegfried Rauch, Elga Andersen.

Le cinéma compte deux tragédies : celle des *Rapaces*, ce film d'Erich von Stroheim (dont il ne reste qu'une fraction), et celle de *La Splendeur des Amberson* d'Orson Welles, oeuvre mutilée, remontée, affligée d'une fin ridicule. *Le Mans*, avec Steve McQueen, pourrait bien être sa troisième catastrophe.

L'acteur l'envisageait tel un docu (réussi) ; Hollywood en fera un drame (raté). Ambiance : la production impose une amourette dans le film, au grand dam de McQueen. Il s'entête alors à travailler tel qu'il l'entendait : sans scénario !

Le tournage s'annonçait déjà tumultueux… Il sera chaotique. D'emblée, McQueen s'oppose aux choix du premier réalisateur, John Sturges, aux ordres d'Hollywood. Les financeurs s'agacent puis gèlent les comptes. Plus personne n'est payé, les figurants se révoltent… jusqu'à l'arrêt du tournage : la star s'est éclipsée au Maroc, sans mot dire. Maudire : un ressentiment qui pousse Sturges à claquer la porte, suivi du monteur.

A son retour, McQueen met de l'eau dans son vin. Il accepte l'ingérence des producteurs et s'assouplit avec le nouveau cinéaste, Lee Katzin. Seulement voilà : le « King of Cool » est tombé dans les drogues dures… Il est ingérable. Caméra au poing, il lui arrive de se coucher sur

Ci-dessus : voici l'affiche du projet initial de McQueen, Day of the Champion, en 1966. Mais le succès de Grand Prix, cette année-là, incitera l'acteur à avorter ce documentaire sur la F1. Il se rattrapera cinq ans plus tard...

la piste, pour mieux filmer les autos à pleine charge ! En outre, il continue d'exploser le budget, s'allouant les services de 25 voitures de sport et d'une pléthore de pilotes.

Puis c'est le drame... Première alerte : Derek Bell manque de se brûler dans l'incendie de sa Ferrari 512S. Une « chance » qu'aurait voulu David Piper : le coureur britannique aux 2 GP de F1 perdra, lui, une jambe dans un crash. La faute à une crevaison lente... Ce film est d'ailleurs dédié au rondouillard Anglais.

Reste les 24H du Mans 1970. Les vrais. McQueen y engage une Porsche 908 bleue (photo), aux mains de Jonathan Williams et Herbert Linge. Leur mission ? Enregistrer la course in vivo, via trois énormes caméras Arriflex 35mm. Pour changer les bobines, elles nécessiteront un arrêt aux stands tous les quarts d'heure ! Cela n'empêchera pas l'équipe de finir à une belle 9è place, avant de se voir déclassée par la direction de course pour distance parcourue insuffisante... Au final, treize heures d'images embarquées ont été récoltées pour ce film, que Steve voyait comme le chef-d'oeuvre de sa carrière.

Lui-même pilote, l'acteur avait terminé 2ème des 12H de Sebring 1970, quelques mois auparavant, avec Peter Revson et... un pied dans le plâtre ! La *star* n'a cependant pu accomplir son rêve : participer à l'épreuve mancelle. En effet, les assurances renâclèrent à le couvrir. L'âme meurtrie, l'Américain se fera donc doubler par le pilote suisse Joseph Siffert (p.102), qui deviendra son ami...

Sans ce refus des assurances, le tournage aurait-il pu être moins calamiteux ? Il est tentant de le croire. Mais cette déconvenue ne suffit pas à expliquer l'échec commercial de ce film, à sa sortie.

Ode à la beauté du sport automobile, essence pure de Steve McQueen, *Le Mans* aura néanmoins marqué le septième art à jamais, pour ses images à couper le souffle. Et pour tout le reste.

Solar Productions

UN HOMME ET UNE FEMME

France, 1966. 1h40.
De : Claude Lelouch.
Avec : Jean-Louis Trintignant, Anouk Aimée.

Oscar du Meilleur Film Etranger et Oscar du Meilleur Scénario Original en 1966, Palme d'Or du Festival de Cannes cette année-là... Tous les cinéphiles des années 60 ont été marqués par cet amour fulgurant entre deux veufs inconsolables, une scripte et un pilote de course interprété par Jean-Louis Trintignant (neveu du premier vainqueur français en F1, voir p.121). Les passionnés d'automobile, aussi : du Rallye Monte-Carlo aux 24 Heures du Mans, du circuit de Montlhéry à la F1 motonautique sur la Seine parisienne, l'univers des sports mécaniques imprègne en effet le chef-d'oeuvre de Claude Lelouch, cinéaste réputé pour son amour de la vitesse. D'ailleurs, son court-métrage *C'était un Rendez-Vous* (fameuse traversée de Paris au mépris du Code de la Route, en 1976), reste un *must* pour les férus de caméras embarquées.

THE BIG WHEEL

VF : *Le Grand Départ*
USA, 1949. 1h32. De : Edward Ludwig.
Avec : Mickey Rooney, Thomas Mitchell, Mary Hatcher.

« *L'expérience, c'est le nom que chacun donne à ses erreurs.* » Si Oscar Wilde dit vrai, le regretté Mickey Rooney devait être très expérimenté ! Car le comédien a longtemps végété dans des séries B, à force de refuser des films à gros budgets qu'il jugeait sans intérêt... Quitte à casser son contrat et la figure du patron de la MGM ! C'est donc peu dire si Rooney partage ici des affinités avec son personnage : un pilote instinctif, dont l'impétuosité tuera un concurrent dans un crash. On y suit sa reconstruction, jusqu'à son *come-back* à Indy 500 1949 (vrai vainqueur : Bill Holland). La dernière demi-heure ravira les historiens par les moult vidéos d'archives de cette édition. Quant à la midget n°6 de Rooney, c'est l'IRC Maserati avec laquelle Lee Wallard mena 19 tours avant d'abandonner. Mais ce dernier se rattrapera en 1951, en gagnant...

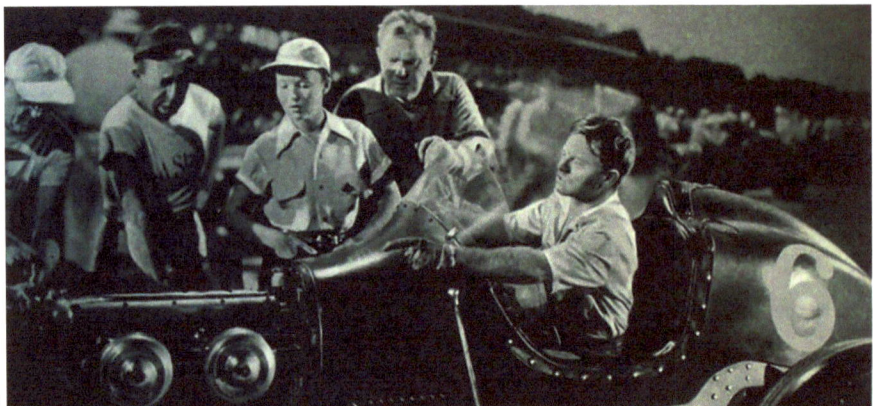

AT ANY PRICE

USA, 2013. 1h45.
De : Ramin Bahrani.
Avec : Dennis Quaid, Zac Efron, Kim Dickens.

Enfin ! L'idoles des pubères passe aux choses sérieuses : voilà Zac Efron dans un vrai (bon) film d'adulte, où il interprète un fils de fermier et pilote de stock-car prometteur. Mais sa trajectoire vers la Nascar sera court-circuitée par des lobbys agricoles véreux, qui assomment la riche exploitation familiale... Sur le tournage, l'acteur a lui-même poussé une Ford Fusion d'ARCA à 250 km/h, sur l'Iowa Speedway. Beau succès d'estime, ce long-métrage restera le dernier loué par feu-Roger Ebert, le critique de cinéma le plus redouté aux USA. C'est dire !

SAFARI 5000

VO : *Eiko e No 5,000 Kiro*
Japon, 1969. 2h57. De : Koreyoshi Kurahara.
Avec : Tatusay Nakadai, Toshirô Mifune.

Soufflons les bougies. Le plus gros succès 1969 du cinéma nippon revit en DVD, sans avoir connu la VHS ! Ce docu-fiction sur la compétition reprend des images des Rallye Méditerranée et Safari Rally 1969. La Datsun Bluebird 1600SSS (3è de l'épreuve africaine) tient l'affiche, comme Emmanuelle Riva et Jean-Claude Drouot. De quoi espérer, un jour, une traduction française ? Allumons les cierges...

MACADAM A 2 VOIES

VO : *Two-Lane Blacktop*
USA, 1971. 1h42. De : Monte Hellman.
Avec : Dennis Wilson (Beach Boys), J. Taylor.

Wallégen-dégaîne ! Plus Heineken que Haneke, c'est le mètre-étalon de la contreculture : pour vivre, deux pilotes défient des citadins avec leur Chevy One-Fifty 1955, qui leur sert aussi d'hôtel. YOLO...

GRAND PRIX

USA, 1966. 2h56.
De : John Frankenheimer.
Avec : James Garner, Eva Marie Saint, Yves Montand, Toshirô Mifune.

Allons nous faire voir chez les Grecs anciens. Pour qui la beauté d'un cheval dépendait beaucoup de sa rapidité. Et la vivacité d'un coureur inspirait les poètes. Pourtant, la mythologie ne recense aucune divinité de la vitesse ! Preuve qu'aucune forme humaine ne peut incarner ce rapport entre le mouvement et l'espace-temps ? C'est à la modernité seule que le culte de la célérité doit sa création. Pour lui rendre grâce, il exige des instruments précis, mesurant les exploits des corps et des machines. Notre époque en raffole, c'est pourquoi elle vénèrera toujours cette vitesse dont *Grand Prix* reste le chantre le plus vibrant... Et le plus époustouflant.

Tourné en 1966, ce film semble sorti de la cuisse de Jupiter. Il apparaît encore comme une prouesse technique ! Bien sûr, les prises de vue à bord des Formule 1 sont désormais courantes à la télévision. Cette pratique relevait toutefois d'un travail herculéen, voilà un demi-siècle. Au point que celui accompli par le réalisateur John Frankenheimer sera récompensé par trois Oscars (Meilleur montage d'images, Meilleur montage du son, Meilleur son).

La prestigieuse Académie ne s'est, en revanche, pas perdue dans un dédale de délibérations pour oublier son scénario conventionnel, regrettable talon d'Achille du long-métrage. Car nous voici plus proche du téléfilm que de l'épopée ! On assiste, en effet, au supplice de Tantale que subit un pilote de F1, Pete Aron (J. Garner). Licencié par son écurie Jordan-BRM après avoir blessé en course son coéquipier, Aron retrouve un baquet dans un autre team (aka Yamura). Mais au même moment, il ouvre la boîte de Pandore en entretenant une liaison avec la femme du convalescent Stoddard...

Attention : regretter ce faible script reviendrait à remplir le tonneau des Danaïdes. Car le casting splendide rattrape tout. Le championnat de F1 1966 servant de fil d'Ariane, c'est toute la grille de départ qui honore *Grand Prix* et l'auréole du statut de documentaire. Aux côtés des stars d'Hollywood, on note la présence active des pilotes Jochen Rindt, Richie Ginther, Phil Hill, ou encore de Graham Hill et Joakim Bonnier.

Réputés pour ne pas jouer les Cassandre, les coureurs d'alors se sont prêtés au jeu. Pas les chefs d'écuries, qui s'imaginèrent bien des chimères en voyant les caméras de Frankenheimer sur les circuits. Enzo Ferrari en tête. Le cinéaste avait alors pris le taureau par les cornes, puis avait expédié au « Commendatore » une ébauche : médusé par ce travail de Titan, Ferrari l'accueillit aussitôt les bras ouverts...

C'est ainsi qu'Yves Montand a pu interpréter un pilote de la Scuderia. Pas tout-à-fait sans encombre : terrifié après un tête-à-queue au virage monégasque de l'Hôtel de Paris, le comédien français a dû se faire tracter par une Ford GT40 (pilotée par Phil Hill) pour rester à l'aise face à la caméra, durant tout le tournage ! James Garner, quant à lui, a voulu tourner les scènes de course sans garde-fou. C'est alors qu'il inocula le virus du sport auto (p.104, 121). Dans son autobiographie *The Garner Files*, sortie en 2011, l'Américain livrait notamment que *« la "BRM" que je conduisais était en fait une F3 déguisée, une Lotus-Ford avec un bloc 1 litre 4-cylindres. »* Il poursuit : *« C'était truqué avec de faux échappements et carburateurs pour ressembler à un V8 3.0. (...) Frankenheimer était si consciencieux que lorsqu'il a réalisé que mon auto n'avait pas assez de couple pour faire crisser les pneus au départ, il badigeonna les pneus d'huile pour les faire fumer. »*

Si les puristes reconnaissent l'acteur sous le heaume de Chris Amon, identifieront-ils aussi la réelle identité de son improbable Yamura ? Il s'agit de la toute première F1 de McLaren, avec un moteur V8 Serenissima.

Vous l'aurez compris : *Grand Prix* fait office de témoignage. Celui d'une époque unique, révolue, encore épargnée par la magie du DRS et la grâce du KERS. Mais pas encore à l'abri des accidents terrifiants. Vous pensiez ainsi que le plongeon de l'auto de Garner dans le port de Monaco *(photo du haut)* demeurait qu'une emphase hollywoodienne ? Pas du tout. Alberto Ascari en 1955, puis Paul Hawkins en 1965 (un an avant le film) ont été repêchés par les hommes-grenouilles, à cet endroit ! Terrible ironie : Lorenzo Bandini s'y tuera un an après le tournage, lui dont le personnage de Nino Barlini (Antonio Sabàto) se révèle le sosie...

Elégie à la F1 et à ses héros, *Grand Prix* demeure le plus bel hommage rendu à ces hommes que nul n'empêchera de tourner en rond. Et qui, avec Albert Camus, nous aide un peu à mieux imaginer Sisyphe heureux...

THE CROWD ROARS

VF : *La Foule Hurle*
USA, 1932. 1h25. De : Howard Hawks.
Avec : James Cagney, Joan Blondell, Ann Dvorak.

Ses prises de vue et ses cascades ont marqué 1932. Augie Duesenberg avait même conçu une barre de remorquage unique, pour permettre à l'auto filmée de perdre une roue à pleine vitesse. Le succès du film tient aussi à la rivalité des deux héros, deux frères pilotes que seul un grave crash réconciliera... Adaptation française : *La Foule Hurle*, avec Jean Gabin.

DERNIER RENDEZ-VOUS

VO : *L'Ultimo Incontro*
Italie, 1951. 1h29. De : Giabbi Franciolini.
Avec : Alida Valli, Amedeo Nazzari, Jean-Pierre Aumont.

Avec Fangio, Farina et les Alfetta 159 en ouverture, ce film ne peut relever du navet. Ni du chef-d'oeuvre : ces apparitions font trop vite place à la Trinité Eros-Thanatos-Pathos : l'épouse d'un mécano de F1 rompt avec son amant, le pilote d'essai. Ce dernier se tue à Monza, avec en poche la lettre de rupture. Mais un témoin va la retrouver et faire chanter la jeune femme...

ON THE BEACH

USA, 1959. 2h14.
De : Stanley Kramer.
Avec : Gregory Peck, Ava Gardner, F. Astaire.

Après une guerre nucléaire, la vie disparaît sur Terre. Les Australiens attendent l'inéluctable, notamment sur le circuit de Philip Island. A la fin, on peut admirer Fred Astaire *(photo)* au volant d'une rare Ferrari 750 Monza Scaglietti blanche - châssis n°0492 M, puisque vous insistez !

BENSAA SUONISSA

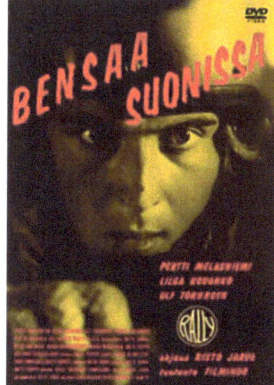

Autre titre : *Gas in the Veins*
Finlande, 1970. 1h37. De : Risto Jarva.
Avec : Pertti Melasniemi, Lilga Kovanko, Ulf Törnroth.

Une exégèse de la place de l'automobile dans la société. Ni plus ni moins. Prenez maintenant une copie-double, puis dissertez sur ce film : doit-on laisser le pilotage enthousiasmer, au détriment de notre vie en communauté ?

Sentant l'individualisme s'imposer en dogme et le désir mimétique en principe civilisateur, le réalisateur finlandais s'appuie sur le triangle amoureux cher à René Girard pour illustrer son oeuvre, élue meilleur film 1971 en Laponie. Malgré une présentation au Festival de Venise, ce long-métrage s'exportera sans lendemain, sous les intitulés *Gas in the Veins* ou *Rally*. Ce dernier titre ne relève pas du marketing. *Benssa Suonissa* (« *Né pour être sauvage* », en Finnois) s'appuie, en effet, sur des images de l'Arctic Lapland Rally, ainsi que des « Finlandais Volants » : les pilotes Hannu Mikkola, Markku Alén, Timo Mäkinen, Simo Lampinen...

INDIANAPOLIS SPEEDWAY

VF : *Le Vainqueur*
USA 1939. De Lloyd Bacon.
Avec : Ann Sheridan.

Toute ressemblance avec une oeuvre ayant déjà existé ne serait pas du tout fortuite ! Ce remake grossier de *The Crowd Roars* (p.62) devait permettre à la maison Warner de rencontrer le même succès, sans devoir percer ses bourses. Malheureusement, l'arrivée du magnétoscope permit au public de se livrer aux comparaisons...

Partisane du moindre effort, la production a donc récupéré les plans de foule et les scènes de course (les Indy 500 de 1930) des bandes qu'Howard Hawks avait lui-même enregistrées ! Seule différence notable : la rivalité n'anime plus deux frères, mais un père et son fils. Snif-snif.

Warner Bros.

BOBBY DEERFIELD

USA, 1977. 2h04.
De : Sydney Pollack.
Avec : Al Pacino, Marthe Keller, Anny Duperey.

Double trouble... La vie vaut-elle le coup d'être vécue ? Beau sujet de dissertation... Le réalisateur Sydney Pollack y a bien réfléchi, après avoir lu le roman *Le Ciel n'a pas de Préférés*, d'Erich Maria Remarque. Cette saine lecture lui a immédiatement inspiré son onzième film, *Bobby Deerfield* : après un grave accident, un pilote de Formule 1, au tempérament contrôlant et solitaire, se met à penser à la mort. Au même moment, à la clinique, il s'éprend d'une inconnue, éclatante de vie, mais condamnée par une maladie incurable...

Etrillé par la critique et les cinéphiles à sa sortie, voilà quarante ans, ce mélodrame regagne désormais ses lettres de noblesse.

Les affins de F1 ont, quant à eux, toujours salué l'exceptionnelle qualité des scènes de course, filmées durant la mémorable saison 1976 (voir *Rush*, p.14). Sans parler de l'impeccable Al Pacino, premier rôle au volant de la sublime Brabham-Alfa Romeo BT45, pilotée cette année-là par Carlos Pace.

C'est d'ailleurs ce pilote brésilien qui assura les doublures, avant de se tuer dans un accident d'avion, le 18 mars 1977. Deux semaines plus tôt, Tom Pryce avait déjà relancé la question existentielle de Pollack : très présent dans le film, ce coureur de talent se tuait, lui aussi, dans un crash, au GP de Kyalami. A ces deux aigles foudroyés, *Bobby Deerfield* leur est dédié.

RED LINE 7000

VF : *Ligne Rouge 7000*
USA, 1965. 1h50. De : Howard Hawks.
Avec : James Caan, Laura Devon.

On a du mal à réaliser ; Howard Hawks, aussi... Car l'auteur de *Scarface*, *Rio Bravo* et *The Crowd Roars* (p.62) s'oublie ici pour signer, de l'avis général, son pire film : répliques ineptes, musiques inadéquates, scénario convenu avec ces trois pilotes de stock-car ne jurant que par la compétition (automobile et amoureuse)... Un flop.
Pourtant, *Red Line 7000* reste précieux ! D'abord, pour ses images prises lors des saisons 64 et 65 de Nascar. Exemple : les effroyables tonneaux d'A.J. Foyt aux Riverside 500 de 1965, suite à une rupture des freins. Le médecin le donnera pour mort, avant que Parnelli Jones ne lui signale que Foyt bougeait encore...
Ce film aura aussi marqué la Nascar pour y avoir tourné les premières images embarquées pendant une course ! C'était à bord de la Ford Fastback de Larry Frank, aux National 400 de 1964.
Et on apprécie la présence de l'exclusive Shelby Daytona Coupe CSX 2601 (505 ch, 0-100 km/H en 3,6 s). Propriété de Bob Bondurant en 1969, l'engin s'est vendu à 7,25 millions de dollars, quatre décennies plus tard ! Impensable...

3 WEEKS TO DAYTONA

USA, 2011. 1h22.
De : Bret Stern.
Avec : Scott Cohen, Rip Torn, Jorja Fox.

C'est selon : film indépendant décevant pour les uns, film amateur concluant pour les autres... Réalisé sans budget (50 000 $), ce film a le mérite de porter à l'écran la Nascar sans paillette ni strass. Que du stress : celui d'un pilote moyen, qui a toujours rêvé des Daytona 500, mais n'a jamais remporté une course en vingt ans de carrière. Et pour subvenir aux besoins de sa famille, il ne peut compter que sur son métier de chauffeur...
Alors que se pose la question de la retraite et que sa femme rêve, elle, d'ouvrir son propre garage, il saisit sa dernière chance de briller. Ne serait-ce qu'une fois, en Nascar Modified Tour (une série de sous-division), sur le petit ovale de Waterford Speedbowl, de 0,3 mile (603 m).

ANEFO/Harry Pot

LA PASSIONE

GB, 1997. 1h31.
De : John B. Hobbs, Chris Rea.
Avec : Shirley Bassey, Sean Gallagher, Paul Shane.

Le rocker Chris Rea n'est pas seulement une star. C'est surtout un enfant qui a grandi et qui n'en revient pas de le savoir. Voilà sans doute son premier talent : un art consommé de la nostalgie douce et du bon temps passé. Guitare sous le bras, ça donne *Josephine* et *Road to Hell*. Le stylo dans la main, en revanche, ça nous livre le script de cette décevante autobiographie : *La Passione*...

En 1996, le musicien tenait à rendre hommage aux deux objets de ses rêves d'enfant : la Scuderia Ferrari et le pilote allemand de F1 Wofgang von Trips *(photo)*, dont la disparition au GP d'Italie 1961 aura marqué à jamais cet amoureux inconditionnel de l'automobile...

Malheureusement, ni le sujet, ni la passion, ni les nombreuses images d'archives récoltées sur Ferrari, ni le premier rôle offert à la chanteuse Shirley Bassey ne parviennent à combler les carences de ce mielleux mélodrame lénifiant, brouillon, mal joué, mal tourné... Quant au soupir, il demeure une note de musique, certes, mais pas seulement ! Et il est franchement regrettable que Rea ne s'en soit pas souvenu... Loin d'être un navet, *La Passione* ne reste qu'un film raté. Nuance.

KING OF THE MOUNTAIN

USA, 1981. 1h30.
De : Noel Nosseck.
Avec : Harry Hamlin, Richard Cox, D. Hopper.

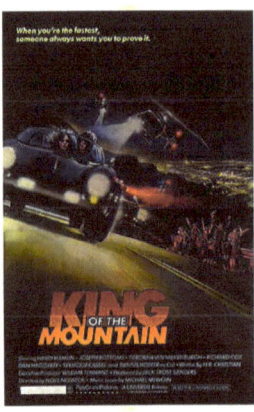

Inspiré de faits réels. Ce film tire son histoire de Chris Banning et Charles « Crazy Charlie » Woit, deux pilotes du dimanche dans les canyons de Californie, fin 70's. Banning révèlera dans son autobiographie (*The Experience Mulholland*, 2006) être à l'origine du rôle joué par Harry Hamlin : un coureur invincible sur la périlleuse montée de Mulholland Drive, au volant de sa Porsche 356 Speedster Replica. Jusqu'au come-back d'une ex-gloire (Dennis Hopper), aussi cabossée que sa Corvette C2 de 1967...

SMASH PALACE

Nouvelle-Zélande, 1981. 1h48.
De : Roger Donaldson.
Avec : Bruno Lawrence, Anna Maria Monticelli, Greer Robson-Kirk.

La vie d'Al Shaw, un ancien coureur professionnel, ne tourne qu'autour de la course automobile et de sa « Smash Palace » : une monoplace Ralt RT1 vue sur les courses de Formule 3 d'alors, mais également très utile pour narguer les policiers sur la route ! Malheureusement, l'épouse de cet ex-pilote ne supporte plus d'être délaissée, au détriment de cette passion. Alors, elle finit par papillonner un peu avec le meilleur ami de son mari. Quand Al le marginal découvre le pot aux roses, il prend sa fille sous le bras et s'enfuit dans la brousse...
Salué à sa sortie, ce drame reprend des plans du championnat 1980 de Formule Pacific. On y retrouve un crash terrible de Steve Millen, à Pukekohe, avec un futur pilote de Formule 1, le Néerlandais Huub Rottengather. La saison suivante, Millen pilotera cette « Smash Palace » pour assurer la promo du film, l'un des meilleurs venus de la « Porte de l'Antarctique ». Et peut-être même de ce livre...

Danica Patrick (à gauche) en second rôle de luxe dans un épisode de
Les Experts : Manhattan (p.71), avec Gary Sinise. © CBS Television Studios/Jerry Bruckheimer Studios

SÉRIES TV

AMICALEMENT VOTRE

VO : *The Persuaders !*
Episode : *La Rancune Tenace* (« *Someone Wainting* », s1e24).
USA, 1971. 49 min. Avec : Tony Curtis, Roger Moore.

« J'ai toujours voué beaucoup d'admiration à Jo Siffert. » L'acteur Roger Moore l'a ainsi confié à un journaliste suisse, en 2013.
Voilà un vrai secret de Polichinelle pour tous les fans de la série *Amicalement Vôtre* : tout de même, ils ont vu ce pilote de F1 dans sa March rouge à chaque générique (photo), soit à vingt-quatre reprises, au moins ! En outre, cette apparition de la March 701-Cosworth, tirée du GP de Brands-Hatch 1970, n'est pas restée sans lendemain...
Ainsi, le personnage de Lord Brett Sinclair sera amené à piloter une Formule 1 pour les besoins d'une enquête, dans l'ultime épisode de la série, *Une Rancune Tenace*. Un honneur auquel Roger Moore avait déjà eu droit, quatre ans plus tôt, dans une autre série (*Le Saint*, voir p.71).
Ici, la production lui a cependant laissé le soin de choisir la voiture qu'il voulait piloter. Et devinez-vous son souhait ? *« La même monoplace que Jo Siffert. »* CQFD.

LE SAINT

VO : *The Saint !*
Episode : *Les Championnes* (« *The Fast Women* », s5e16).
GB, 1967, 48 min. De : Leslie Norman. Avec : Roger Moore.

Sans doute les Anglais disent vrai : le passé est un pays lointain. Et cet épisode s'avère le passeport pour s'y rendre. Là-bas, à l'ère des 60's, de la F1 épique, des mélopées des V8 Climax et BRM. L'équipe de *Le Saint* a d'ailleurs synchronisé le sons de ces moteurs avec les images de leurs respectives Lotus 25 et BRM P261, celles de Jim Clark et Graham Hill en 1964. Un bijou ! On ignorait cependant qu'à leurs bords, deux autres pilotes se disputaient le titre cette saison-là. Deux femmes, en plus ! Deux ennemies jurées… Au point qu'au cours des essais du GP de Brands-Hatch, l'une sort mystérieusement de la piste. Simon Templar quitte donc sa Volvo P1800 pour prendre le volant de la Lotus et y déceler un sabotage… Pour l'Histoire, Jim Clark gagnera la réelle course sans encombre… devant Hill ! Des archives concluent ce téléfilm incontournable.

ENGINE

VO : エンジン
Japon, 2005. 11 ép. (45 min.)
Avec : Kimura Takuya.

Has-been en F3000, un pilote rentre au Japon. Souci : le domicile parental s'est transformé en orphelinat… Et lui ne supporte pas les enfants ! Il se réfugiera en F. Nippon, puis rêvera de F1 : on le voit même postuler chez Toyota, en plein GP de Malaisie 2005 !

LES EXPERTS : MANHATTAN

Ep. : *La Course de Trop* (« *The Formula* », s6e15)
USA, 2010, 42 min. De : Matt Earl Beesley.
Avec : G. Sinise, M. Kanakaredes, D. Patrick

Les agents Taylor et Bonasera enquêtent sur un pilote, mort dans l'explosion de sa Skip Barber, en pleine exhibition. Leurs soupçons s'orientent vers sa principale rivale, Danica Patrick *herself* !
Les autres experts, ceux du sport auto, riront de l'inculture du service de la police scientifique : avec un implacable aplomb, les agents évoquent un accident fictif de Danica, à Monaco, en exposant des photos du crash de Robert Kubica, au GP de F1 du Canada 2007…

RALLY

Italie, 1986. 8 épisodes (55 min.)
De : Sergio Martino.
Avec : Giuliano Gemma, Lorraine De Selle, Robert Hoffman.

Il aura goûté à la F1, dans son film *Troppo Rischio per un Uomo Solo* (*Dérapage*, p.88) en 1973. Il se tuera malheureusement dans un tragique accident de la route, en 2013. Entre-temps, Giuliano Gemma aura gardé la passion du volant en savourant l'univers du rallye, dans cette série sobrement intitulée *Rallye*. La France l'a notamment diffusée, sur *La Cinq*, chaîne de Silvio Berlusconi.

Durant huit épisodes, on suit les péripéties d'un ancien pilote reconverti en mentor de trois jeunes coureurs, à la tête de son équipe Astra Team. Les puristes apprécieront le clin d'oeil à l'écurie éponyme, fondée par Mauro Pregliasco. Mais les fans de ce champion d'Italie des Rallyes 1977, sur Lancia Stratos, lui en ont terriblement voulu : il a servi de consultant technique sur le tournage de cette *sitcom*, que tous jugèrent soit passable, soit médiocre. Dommage que les (rares) images d'archives peinent à élever le niveau...

En 1986, les Transalpins avaient eu droit à un téléfilm du même acabit : *La Voglia du Vincere*. Gianni Morandi y interprète un pilote Lancia, nommé Marco Bresson. Toute ressemblance avec le double champion du monde Massimo Biasion serait bien sûr, comment dire, fortuite ?

BURN 'EM UP BARNES

USA, 1934, 12 ép.
De : C. Clark.
Avec : F. Darro.

Adaptation d'un film de 1921. Un pilote multiplie les victoires non pour sa gloire, mais afin de préserver son associée ! Elle subit, en effet, les assauts incessants de promoteurs véreux. Car cette femme ignore que ses terres, dont elle a héritées, camouflent un gisement de pétrole...

LES AVENTURES DE MICHEL VAILLANT

France, 1967, 13 épisodes (26 min.)
De : Charles Bretoneiche, Nicole Osso.
Avec : Henri Grandsire, Bernard Dhéran.

« *Dans un souci d'authenticité*, évoquait la production, *cette série a été réalisée à l'occasion de compétitions automobiles réelles et avec la participation de coureurs professionnels.* »
Il était surtout moins onéreux de filmer un vrai pilote, durant une saison de courses, que de reproduire une fiction totale...
Ainsi, le rôle de Michel Vaillant reviendra au champion de France 1964 de Formule 3 : Henri Grandsire, pilote-phare d'Alpine.
24 Heures du Mans, Targa-Florio, ou encore certaines courses de F3 illustrent ainsi les treize épisodes. Et de grands coureurs d'alors ont honoré cette série de leurs présences : Mauro Bianchi, Bob Bondurant, Johnny Servoz-Gavin, Jo Schlesser, José Rosinski. Sans parler des plus illustres : les champions du monde de F1 Jack Brabham et Jim Clark !
Déçu par cette adaptation, Graton élaborera un autre projet de téléfilms, en 1986. En grand seigneur, Grandsire acceptait de reprendre du service, aux côtés d'Alain Prost ! Car cette série comptait rien de moins qu'investir l'univers de la F1. Hélas, le projet fera long feu. Toujours pour cette histoire de faramineux droits d'images exigés par l'oncle Bernie...

DEUX FLICS A MIAMI

VO : *Miami Vice.*
Episode : *L'Italie* (« *Florence Italy* », s2e17).
USA, 1986. 48 min. Avec : Don Johnson, Philip Michael Thomas, Danny Sullivan.

On ne le surnomme pas « Hollywood » pour rien ! Profitant de son physique avantageux, Danny Sullivan voulut crever l'écran, en 1985. D'abord, en remportant Indy 500. Ensuite, en tenant un second rôle de luxe, dans la plus fameuse série des années 80 : *2 Flics à Miami*. Dans le 17è épisode de la saison 2, plus précisément : *L'Italie*. Sous le sobriquet de Danny Tepper, l'Américain interprète un pilote du championnat IMSA, suspecté du meurtre d'une hétaïre.
Cet épisode reprend des scènes splendides filmées lors du GP de Miami 1985 d'IMSA GTP. Une épreuve remportée par le binôme Derek Bell/Al Holbert sur Porsche 962. C'est cette voiture victorieuse que Sullivan tient ici dans ses mains *(photo)*. A son volant, il tentera même de semer les agents Tubbs & Crockett, dans les rues de la capitale floridienne.
Ironie terrible, la réalité rattrapera la fiction, cette année-là : un énorme scandale de trafic de drogue allait éclabousser l'IMSA, surnommée alors « International Marijuana Smugglers' Association »... Cinq pilotes seront condamnés. Et pas des moindres : les père et fils John Paul Sr et John Paul Jr (champion 1982), Randy Lanier (champion 1984), ainsi que les frères Bill et Dale Whittington (vainqueurs des 24H du Mans 1979, avec Klaus Ludwig).

OHNE KAMPF KEIN SIEG

Allemagne, 1966. 5 ép. (78, 85, 66, 74, 104 min.)
De : Rudi Kurz.
Avec : J. Frohriep, E. Haussmann, Hanjo Hasse.

La vie de Manfred von Brauchtisch, pilote des 30's. *Voir page 13.*

SALUT CHAMPION

Episode : *La Formule 1* (ép. 12).
France, 1981. 52 min. De : Just Jaeckin.
Avec : Jacques Charrier, Chantal Nobel.

Salut, Patrick... Patrick Depailler, ce vaillant pilote français de F1, mort aux essais du GP d'Allemagne 1980. Et à qui ce pénultième épisode de *Salut Champion* est dédié.
Après cyclisme, voile, rugby et athlétisme, un couple de journalistes sportifs souhaite investir l'univers de la F1, en pleine saison 1980. Leur passion pour le reportage va donc les mener dans l'écurie Ligier, où les pilotes Jacques Laffite et Didier Pironi *(photo)* prêteront leurs casques aux fictifs Alain Lefort et Joël Pasquier. Eloigné des circuits après un accident de char-à-voile (Depailler s'était gravement blessé en deltaplane, *ndla*), Pasquier lutte pour revenir au niveau des meilleurs. Celui de son équipier pour commencer... Quant à l'actrice Chantal Nobel, elle renouera avec les sports mécaniques en 1985, en disputant le Paris-Dakar (5è en camions), avec Georges Groine.

FORMULE 1

Canada, 1988.
13 ép. (26 min.)
Avec : D. Gélin

Plus fort que Stallone ! Cette série a pu, elle, incruster une saison de F1 : celle de 1987, théâtre de la rivalité entre le Français Luc Sainclair (sur Tyrrell Ford DG016 de Streiff) et le Canadien Daniel Hardy, sur Benetton-Ford B197 de Boutsen, coéquipier de Teo Fabi *(photo)*.

Tom Cruise dans *Jours de Tonnerre* (p.78). © Don Simpson-Jerry Bruckheimer Studios/Paramount Pictures

ACTION

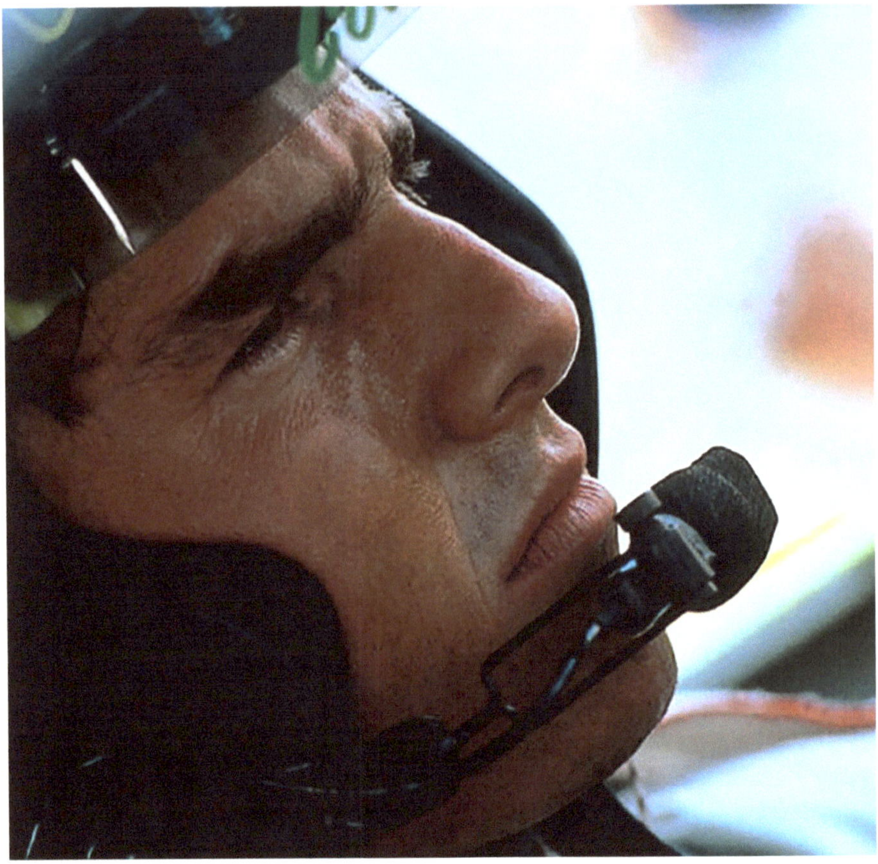

JOURS DE TONNERRE

VO : *Days of Thunder*
USA, 1990. 2h03. De : Tony Scott.
Avec : Tom Cruise, Randy Quaid, Robert Duval, Nicole Kidman.

Raconter une vie, c'est décréter qu'elle est intéressante. Chaque année, une cohorte de cinéastes a l'audace, parfois l'outrecuidance, de penser que certains destins puissent passionner quelques-uns. Pour cela, ils n'y vont pas par quatre chemins. Ou plutôt si : ils recourent à la biographie (généralement inexacte), au documentaire (généralement incomplet), à la chronique (généralement incertaine), ou bien à la fiction inspirée de faits réels (généralement invérifiables). Pour son *Jours de Tonnerre*, Tony Scott a préféré opter pour cette dernière alternative. Avec succès.
Le réalisateur n'a toutefois jamais révélé sa muse. Sans doute n'y avait-il pas d'autres choix. Mais pourquoi ne pas dire la vérité ? Pourquoi ne pas reconnaître l'hommage rendu au pilote Tim Richmond, 3ème de Nascar Winston Cup 1986 et mort un an avant le film ? Car ce *remake* de *Top Gun* (1986) s'inspire, de-ci de-là, de la relation de ce coureur avec son chef d'équipe, Harry Hyde.
Ainsi, Richmond a vécu cette scène où Tom Cruise se forme à la gestion des pneus et aux réglages d'une voiture de course. Toute cette mise au point dont il ignorait les principes alors que sa carrière avait déjà démarré ! Voyez-vous aussi cette séquence où Tom Cruise ne peut rentrer aux stands car son équipe est trop occupée à manger des glaces ?

Ci-dessus : la livrée jaune et verte « City » de la Chevrolet Monte-Carlo, vue dans Jours de Tonnerre, *a marqué toute une génération. En atteste cet hommage rendu par Kurt Busch, le champion de Nascar 2004, lors des Daytona 500 de 2013.*

Oui : cette scène a vraiment eu lieu. Aux Southern 500 de 1987, le mentor s'est, en effet, comporté de la sorte avec Benny Parsons. Histoire de bien faire savoir au grand patron, Rick Hendrick, qu'il désapprouvait cette nomination pour suppléer son poulain, alors convalescent à cause d'une « double pneumonie » - en réalité, suite à des complications du SIDA…

Cette complicité entre Tim Richmond et Harry Hyde, ce film la porte à l'écran avec Tom Cruise, Robert Duvall, et cette histoire : celle d'un *rookie*, ignare en stock-car, regardé de bas en haut par son chef, avant d'être choyé puis guidé vers les sommets. Entre-temps, un accident et une neurologue enseignent à la tête brûlée la distinction entre courage, bravoure et témérité.

Désireuse d'offrir des images « sur le vif », la production a eu l'assurance d'engager deux Chevrolet pour les Daytona 500 de 1990. Qualifiées sans souci, elles n'ont été autorisées à prendre le départ qu'en dernière ligne et hors-course. Leurs pilotes, Bobby Hamilton et Tommy Ellis, auront bouclé seulement 40 tours. Notons que les *speedways* de Phoenix et Darlington ont également consenti à cette libéralité. Ce qui explique la qualité des instantanés du film : à couper le souffle !

Enfin, les plus fins connaisseurs du stock-car (ou les claviéristes qui tapent le plus vite dans le champ du moteur de recherche sur Internet) apporteront cette précision : le sponsor « City », à la livrée culte verte et jaune, existe bel et bien. Il s'agit d'une concession Chevrolet détenue par Rick Hendrick. Une pub en bonne et due forme : Hendrick fournissait les Chevrolet Monte-Carlo de courses pour ce long-métrage.

Pour info, 35 autos ont été détruites sur le tournage ! Mais celles saccagées dans la scène du rodéo en ville entre Trickle et Burns honorent l'histoire. Dans les années 50, Curtis Turner et Joe Weatherly avaient pour habitude de louer des bolides, de jouer avec sur les circuits, puis de les achever avant de les abandonner… Preuve qu'Ayrton Senna avait vu juste : *« La seule différence entre l'adulte et l'enfant, c'est le prix du jouet. »*

CARRERAS

Brésil, 2013. 1h17.
De : Salete Machado.
Avec : Jackson Antunes, Talicio Sirino, Dieghο Kozievitch.

La lutte des classes se poursuit. Depuis 1967, la réelle Cascavel de Ouro (« Serpent à sonnette doré », en portugais) demeure la plus célèbre épreuve du championnat brésilien de GT. Son prestige ? Pas la victoire de Nelson Piquet, en 1976. Mais sa « tradition démocratique ». Moult catégories sont, en effet, dressées afin de permettre à des coureurs peu fortunés de concourir parmi les « grands ». S'illustrant de témoignages d'anciens pilotes et de véritables scènes de course, le docu-fiction *Carreras* rend hommage à cet événement national. Dans ce film, deux pères de famille visent le succès par procuration : l'un, aisé, use de son influence afin de dénicher de juteux sponsor pour son fils ; l'autre, bien moins nanti, profite de sa profession de mécanicien pour épauler son rejeton. Si seulement...

CHECKERED FLAG

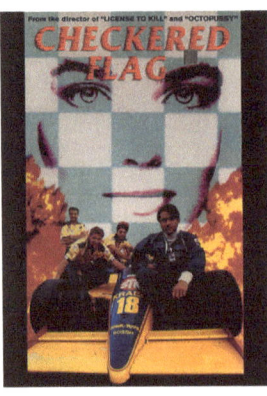

USA, 1990. 1h35.
De : John Glen, Michael Levine.
Avec : Rob Estes, Billy Campbell, Amanda Wyss.

A la vue de ce film, aucune diatribe contre *Driven* ne sera tolérée ! Un bellâtre de *Melrose Place*, Rob Estes, se prend pour un pilote d'IndyCar, dont l'ego pousse la femme dans les bras de son mécanicien. Le coureur parviendra-t-il à oublier, pour s'imposer avec la Lola-Chevrolet T89 de Bobby Rahal ? Telle est la question, à laquelle des scènes du GP de Phoenix 1989 apportent un élément de réponse. Et dire que Tom Sneva, vainqueur d'Indy 500 en 1983, a servi ici de conseiller...

DEATH RACE 2000

VF : *Les Seigneurs de la Route*
USA, 1975. 1h24. De : Paul Bartel.
Avec : David Carradine, Sylvester Stallone.

Mériterait autant la Mondovision que les JO. Culte, souvent barbare, jamais nanar, cette oeuvre d'anticipation inspirée d'un roman d'Ib Melchior (*The Racer*) se range parmi *1984* et *Fahrenheit 451* : les oracles. Admirez : tandis que l'économie sombre, le seul *show* capable de contenir le peuple s'avère un jeu de télé-réalité. Son thème : un rallye auto. Et celui qui y écrasera le plus de piétons sortira vainqueur... Depuis, ce pamphlet contre la télévision morbide a fait bien des émules. A commencer par trois autres copies, entre 2008 et 2013 : *Death Race*, *Death Race 2*, *Death Race : Inferno*. En somme, trois opus bien moins fascinants que cette version originale, née en 1975 - soit deux décennies avant la maison Endemol ! L'année suivante, *Rollerball* investissait les salles de ciné. Bref, tout le monde savait...

Sans oublier ...

The Way to Dusty Death (1995)

FAST COMPANY

USA, 1979. 1h31.
De : David Cronenberg.
Avec : William Smith, Claudia Jennings, John Saxon.

A la va-vite ? On peut le dire : c'est ainsi que David Cronenberg a réalisé cette anomalie dans sa cinématographie. Alors qu'il nous a toujours habitués à des films psychologiques ou fantastiques, le « Baron du sang » signe là un film de série-B, à des années-lumières de son univers : l'histoire banale d'un pilote de dragster, en lutte contre son chef d'équipe...
Ici, nulle poésie sulfureuse sur la fusion de la chair et de l'acier... Aucune allégorie sur l'aliénation humaine... Cronenberg s'est juste fait plaisir en portant à l'écran sa passion dévorante des sports mécaniques. La preuve : ce film garde toute son affection ! Il faut dire que ce pilote de F1 historiques n'a jamais concrétisé son rêve : retracer au cinéma le duel Phil Hill/Wolfgang von Trips pour le titre 1961 en F1... Keke Rosberg devait assurer les doublures. Et la Paramount avait même envoyé le cinéaste en repérage sur les GP du Mexique et d'Australie 1986 ! Avant d'essuyer le veto d'Ecclestone... Reste un script tout achevé : *Red Cars*.

THE LAST CHASE

VF : *La Course à la Mort*
USA, 1981. 1h41. De : Martyn Burke.
Avec : Lee Majors, Burgess Meredith, Chris Makepeace.

« *La Porsche qui valait trois milliards* » ? On n'est pas loin de la vérité... « *La Can-Am qui tombe à pic* », alors ? En plein dans le mille !
C'est, en effet, au volant de la démesurée Porsche 917/30 Can-Am Spyder que l'acteur Lee Majors fuira une Amérique où toute liberté a été bannie - au faux prétexte d'un cataclysme écologique à venir : « l'épuisement des ressources fossiles. » Toute ressemblance avec...
Bref, des caméras de surveillance scrutent les citoyens, 24h/24. Et le pouvoir interdit l'utilisation, comme la possession, de tout moyen de transport personnel. Pour l'ex-pilote incarné par le célèbre « colonel Steve Austin », cette situation s'avère invivable. D'autant que l'Etat l'oblige à maudire l'automobile, sur la place publique... Et ordre d'exalter les transports communs ! Comme de juste, le Gouvernement lui a confisqué sa voiture de course... Mais en secret, le héros projette de la récupérer pour s'exiler en Californie Libre.

Ce film d'anticipation se distingue notamment par un casting *ad hoc*. Déjà, enrôler un acteur nommé Makepeace (traduisez : « Faîtes la paix »), il fallait le faire ! Le réalisateur l'a fait...
Surtout, aucune autre auto ne pouvait mieux convenir à cette histoire que la Porsche 917/30. Un engin sans pareil. Des preuves ? Le 0-100 km/h en... 2 secondes ! Le deuxième rapport de vitesse enclenché à... 160 km/h ! Les 300 km/h atteints en... 11 secondes ! La vitesse maximum frôle les... 385 km/h !
Pour défier la raison, l'usine de Weissach avait misé sur un 5.4 V12 de 1 100 ch, à double turbocompresseur KKK. Bonne pioche : avec son couple maxi de 980 Nm, cette 917/30 laminait absolument tout. Jusqu'aux F1 d'alors, d'environ 500 ch pour un couple de 400 Nm...
Le plus incroyable au final, c'est que Mark Donohue a su la maîtriser pour glaner le titre 1973 en Canadian-American Challenge Cup ! Allez croire à la science-fiction, après ça...

THE BETSY

USA, 1978. 2h05.
De : D. Petrie.
Avec : T. L. Jones.

Et alors ? On ne se rappelle pas avoir vu Tommy Lee Jones dans une Brabham BT 43 de F5000 ? On ne se souvient même pas de ce film, pourtant pas dépourvu d'intérêt ? Révisons : à la tête de son entreprise, un vieux constructeur est évincé par son petit-fils arriviste. Ce nouveau *boss* diversifie la société et veut fermer la branche automobile, peu rentable. Pendant ce temps, le patriarche élabore une voiture révolutionnaire, qu'il développe avec un pilote... Sinon, apprécier l'apparition d'une McLaren M16C, vainqueur d'Indianapolis 500 en 1974, ça ne vous tente pas ? Cette question n'appelle pas de réponse. Compris ?

SPEED ANGELS

Chine, 2011. 1h51.
De : Jingle Ma.
Avec : Tang Wei.

De la daube ? Rien que de l'Adobe... Car ce long-métrage abuse des images de synthèse pour exploiter son seul intérêt : les barquettes Radical SR3 RS. Le film afflige aussi par les soucis de filles qu'il nous inflige : trahisons, peurs, angoisses et traumas de trois pilotes d'un team 100 % féminin.

THUNDERBOLT

H-Kong, 1995. 1h50.
De : Gordon Chan.
Avec : Jackie Chan.

Inqualifiable...

Action 83

MICHEL VAILLANT

France, 2003. 1h43.
De : Louis-Pascal Couvelaire.
Avec : Sagamore Stévenin, Peter Youngblood Hills, Diane Kruger.

La France n'aime pas ses enfants. Il n'y a qu'à observer ses familles. Les têtes blondes n'ont de cesse d'y prouver qu'elles prennent en main leurs destins avec bien plus que du talent : du mérite ; depuis trois générations, leurs aïeux trouvent distinguer de n'en reconnaître qu'aux rejetons des autres. C'est là une vérité qui n'engage que celui qui l'écrit. Mais les lazzis dont fait l'objet *Michel Vaillant* atteste de cette déconsidération perpétuelle envers toute oeuvre tricolore soucieuse du travail soigné.

Car savez-vous ce que reprochent les puristes du septième art à ce film ? Ses plans « trop bien travaillés », façon publicité ! Que condamnent les cinéphiles ? Son scénario à rebondissements, « trop fidèle » à la BD de Jean Graton ! Que n'ont pas manqué de railler les critiques ? Son casting parfait ! Avec en tête un Sagamore Stévenin idoine en prince Vaillant, pilote sans peur, rival sans reproche, équipier prévenant, fils modèle, partenaire *corporate*. Un peu trop américain, sans doute...

Et comme le ridicule ne tue pas, certains en profitent. Des petits malins arborent ainsi leur rictus de Maldoror devant la scène d'ouverture, lorsque les deux protos du Mans se télescopent. Ben, oui : des étincelles jaillissent des carrosseries, alors que le carbone, ah ah ! ça ne produit pas de flamme ! C'est exact. Le réalisateur le reconnaît, puisqu'il a ajouté des lames d'acier pour créer cet effet.

De toute façon, on trouvera toujours des médisants pour rétorquer qu'il faut bien des nananères pour blâmer les nanars... Alors, en guise d'ultime brocard, voilà qu'ils rient de l'arrivée des deux barquettes Vaillante au circuit Bugatti après... un parcours via l'autoroute ! Seulement, ils ignorent l'aventure vécue par le pilote de Formule 1 Jean Behra, en 1952...

Flashback. Mai 1952. Depuis son usine à Paris, Gordini achève le nouveau châssis de Jean Behra, à seulement quelques heures des premiers essais du GP de Suisse... Le camion de l'équipe s'avérant trop lent pour rallier Berne à temps, Behra s'installe alors au volant de sa T16 et atteindra l'Helvétie... par la Nationale ! Le dimanche, le coureur niçois grimpera sur son premier podium (3è). Une confidence : avant de lâcher la monoplace sur la route, les hommes d'Amédée Gordini l'avait équipée d'une fausse plaque d'immatriculation...

Réjouissons-nous, enfin : les passionnés d'automobiles saluent, eux, la jolie performance du cinéaste Paul-Louis Couvelaire. Celle d'avoir réalisé du faux avec du vrai. Et réciproquement. Comme théâtre de sa fiction - la lutte entre le gentil team Vaillante et le méchant Leader, le réalisateur a investi les 24H du Mans 2002. Mieux : il y engagera deux autos sous le giron de DAMS. Rien de moins !

Pour incarner la Leader, choisir une bestiale Panoz Roadster LMP-1S relevait de la gageure. En revanche, on aurait bien vu une Courage singer la Vaillante ! Mais cet honneur reviendra à une Lola-Judd B98/10. Le trio Gache-Clérico-Neugarten la mènera jusqu'à l'arrivée, sans parvenir à se classer. Car l'équipage n'avait pas parcouru la distance réglementaire, soit 70% de celle accomplie par le vainqueur. La première place revenait à l'équipe Biela-Kristensen-Pirro (Audi), pour la troisième fois de rang.

Bref, plus récent que *Grand Prix* et *Virages*, plus esthétique que la saga *Fast & Furious*, plus haletant que *Driven*, plus sonore que *Jours de Tonnerre*, cette production de Luc Besson mérite d'être reconsidérée. En priant le public d'agréer cet audace, celui de signer le seul long-métrage de sport auto dans une France à l'autophobie forcenée. Pour commencer.

CORKY

USA, 1972. 1h28.
De : Leonard Horn.
Avec : Robert Blake, Charlotte Rampling.

Paradoxe : obsédé par la victoire, un pilote de stock-car perd tout, le sens des réalités, son job, puis sa femme, puis la vie... Même en folâtrant avec Charlotte Rampling. Comme quoi, le showbiz...

PANTHOM RACER

USA, 2009. 1h30.
De : Terry Ingram.
Avec : Nicole Eggert, Greg Evigan.

Tiens, voilà du bourrin ! Mort en course, un pilote de stock-car revient sur Terre pour se venger de ses anciens adversaires...
L'humanité de ce film d'horreur nous rappelle qu'en 1999, sur notre bonne vieille planète, deux chercheurs sud-africains nommés Charl Fourie et Michelle Wing ont inventé une alarme antivol pour voitures, équipée sous le bas de caisse d'un... lance-flammes !

LANDSPEED

VF : *Les Pilotes de l'Extrême*
USA, 2002. 1h34. De : Christian McIntire.
Avec : Billy Zane, Ray Wise.

La célérité de la lumière dépassant celle du son, bien des films ont l'air brillant, avant que leurs acteurs ouvrent la bouche... Cette loi physique vaut pour ce nanar supersonique : un pilote et son père veulent abattre le record de vitesse, pour empocher une prime colossale.

FREEJACK

USA, 1992. 1h50.
De : Geoff Murphy.
Avec : Emilio Estevez, Mick Jagger, A. Hopkins.

Un pilote se tue lors d'une course de Formule Atlantic sur le tracé de Road Atlanta... puis se réveille en 2009. Tandis que toute vie naturelle est devenue impossible sur Terre, des hommes le traquent pour lui récupérer sa santé et son âme saines.

SAFARI 3000

USA, 1982. 1h31.
De : Harry Hurwitz.
Avec : David Carradine, Christopher Lee.

Aux côtés d'un cascadeur, en Peugeot 504, une reporter fait dans son froc en couvrant un rallye à fric, en Afrique. Mais un méchant rival ne reculera devant rien pour amasser le butin. Patatras ou pas ?

www.culturacing.com

CHECKERED FLAG OR CRASH

Autre titre : *Crash*
USA, 1977. 1h35. De : Alan Gibson.
Avec : Joe Don Baker, Susan Sarandon, Larry Hagman.

Diantre ! Parnelli Jones (vainqueur d'Indy 500 en 1963) tient l'affiche de ce film, aux côtés de Susan Sarandon (mémorable Louise, l'amie de Thelma) et Larry Hagman (inoubliable JR de *Dallas*). Mais ce casting n'est pas du standing de ce scénario, peu sibyllin : des pilotes cupides se ratatinent dans un rallye philippin, afin de récolter un juteux gain... Rappelons qu'en 1974, Parnelli Jones s'était déjà hasardé au cinéma, dans *Gone in 60 Seconds* (« La Grande Casse »), avec le coureur Gary Bettenhausen.

SPEED RACER

USA, 2008. 2h15.
De : Andy et Lana Wachowski.
Avec : Emile Hirsch, Matthew Fox, Christina Ricci.

Aaaaargh !!! Conçu entre deux parties de flipper et de Scalextric, cet ersatz de Matrix devrait être couvert par les mutuelles Santé... Non seulement, ses couleurs acidulées et ses effets stroboscopiques favorisent l'épilepsie. Mais la morale riche en sucre et en guimauve du bien-triomphateur-du-mal trouble la flore intestinale : as du volant, « Speed Racer » découvre que la corruption gangrène son sport, qu'il sauvera en gagnant la plus périlleuse des courses... Et ça fait rire les enfants ! Pendant un peu trop longtemps : 2h15. Et ça, ça n'enthousiasme aucun enfant devenu grand. Sauf peut-être la vraie pilote Milka Duno, grande touriste devant l'éternel, venue faire un coucou, pour la route... Adapté d'un dessin-animé renommé (p.39), voici l'exemple exact de l'exaspérant cinéma dominant, où règnent déformation cosmétique, profusion phonique et confusion pyrotechnique. Le kitsch, probablement...

Warner Bros.

Action 87

DRIVEN

USA, 2001. 1h56.
De : Renny Hamlin.
Avec : Sylvester Stallone, Kip Pardue, Till Schweiger, Robert Sean Leonard.

Kip Pardue : retenez bien ce nom, vous n'en entendrez plus jamais parler. Car cet acteur colle à son rôle : arrivé de nulle part, un pilote d'IndyCar multiplie les contre-performances au sein de son équipe - le PacWest Racing, en fait. Pour l'épauler, son *boss* (un Frank Williams *lookalike*) rappelle alors un vieux champion. Au final, le jeunot gagne. De justesse, pour si peu...
Mais il est injuste d'éreinter ce film. Stallone fait des efforts. Rentrer dans une monoplace lui avait été, par exemple, impossible dans la Ferrari 640 F1 de son ami Jean Alesi, en 1990... La faute à ses épaules trop larges ! Et puis, séduire une illustre discipline comme l'Indy-Car (CART, en 99) pour tourner ce *Driven* auquel s'est toujours refusée la F1, on s'agenouille ! Face aux caméos de Montoya, Papis, Brack et Moreno, aussi. Quant à Alesi, en fin de pellicule, il se révèle un peu moins bon que dans la pub Oscaro.

DERAPAGE

VO : *Troppo Rischio Per un Uomo Solo*
Italie, 1973. 1h50. De : Luciano Ercoli.
Avec : Giuliano Gemma, Nieves Navarro, Michael Forest.

On savait le GP de F1 de Silverstone 1973 célèbre pour son carambolage au départ et le succès de Peter Revson. Mais on ignorait que Giuliano Gemma s'y était invité, glissant son séant dans le baquet d'une ISO-Williams. Pour raison professionnelle : le comédien transalpin interprète, dans ce film policier, un pilote traqué pour un crime qu'il n'a pas commis.
Thriller décousu à l'italienne. Cascades de Rémy Julienne. On s'en doutait.

VIRAGES

VO : *Winning*
USA, 1969. 2h03. De : James Goldstone.
Avec : Paul Newman, Joanne Woodward, Robert Wagner.

Règle n°1 de pilotage : pour tenir la corde, mieux vaut suivre une ligne droite toute tracée ! Visiblement, la production de *Virages* a bien retenu la leçon. Car celle-ci n'a pas souhaité s'encombrer d'un scénario alambiqué... Frank Capua (Paul Newman) est un pilote impérieux et taciturne. Obnubilé par la course, il en délaisse sa femme, qui se réfugie alors dans les bras de son plus grand rival. Prêt à la perdre pour remporter Indy 500, il finira par compter sur sa victoire pour la reconquérir...
En vérité, le succès du film tient surtout à la présence de Paul Newman. Sans parler des séquences de course, tournées lors des 500 miles d'Indianapolis en 1968. Cette année-là, pour la première fois, un moteur turbo remportait cette prestigieuse épreuve, sous le pied d'Al Unser sur Eagle-Offenhausen, devant son équipier (et patron), Dan Gurney. C'est d'ailleurs cette victorieuse Eagle que Newman tient ici dans ses mains *(photo)*. Rien de moins ! Pour l'acteur, ce rôle lui révéla une passion mordante pour le sport auto, auquel il consacra dès lors une grand partie de sa vie *(voir p.120)*.
Pour l'anecdote, le comédien a exigé de porter l'écusson Heuer sur sa combinaison, sans aucune contrepartie financière. Simplement parce que le pilote suisse Jo Siffert, qu'il admirait, le portait !

Pikes Peak 1988. Ari Vatanen mène sa Peugeot 405 T16 à la victoire, devant les caméras du film *Climb Dance* (p.92). © *Peugeot Sport*

DOCUMENTAIRE

CLIMB DANCE

France, 1990, 5 minutes 15.
De : Jean-Louis Mourey.
Avec : Ari Vatanen.

L'Ascension... Fervent chrétien, Ari Vatanen célébrait ses triomphes un verre de lait à la main, pour montrer son opposition à la consommation d'alcool. De toute façon, son titre de Champion du monde des Rallyes 1981 et ses quatre succès au Paris-Dakar ont garanti sa place au royaume d'essieux. Sans parler de cette victoire épique à Pikes Peak, en 1988 : une montée de l'Olympe coloradienne sanctifiée par ce film, produit par PSA et multi-récompensé. Aujourd'hui encore, même le public non-averti applaudit ce récital de glissades offert par l'impavide Finlandais, jusqu'à 4 301 m d'altitude, sans barrière de sécurité... Ce brio a également assuré la gloire à la Peugeot 405 T16, avec ses 550 ch pour 880 kg, ses quatre roues directrices et le record qu'elle établit alors (10'47"22). Depuis, ce score a été pulvérisé en 2013 par une descendante de la « Lionne », la 208 T16, avec Sébastien Loeb : 8'13"878 ! Un sacré exploit parti pour durer quelques années. Et des poussières...

BAJA SOCIAL CLUB

USA, 2013, 1h.
De : James Masters.
Avec : Walker Evans, Vic Wilson, Bruce Meyers.

Tandis que *Dust to Glory* mise tout sur le spectacle offert par la Baja 1000, ce docu intimiste se focalise sur l'histoire de cette folle course de cross-country, née au Mexique en 1967. Avec la présence de Bruce Meyers, le concepteur du célèbre buggy Meyers Manx, l'engin vainqueur de la première édition.

DUST TO GLORY

USA, 2005, 1h37.
De : Dan Brown.
Avec : Mario Andretti, Robby Gordon, Jimmy Vasser.

Impie, Baja 1000 ! Immortalisée dans ce film aux plans somptueux, cette épreuve tout-terrain outrage les bonnes moeurs, avec un parcours de 1 600 km, sur quatre jours... et saboté par les spectateurs en toute légalité ! Pour l'histoire : en 2004, Paul Newman y participa à 80 ans ! Démoniaque...

Openwheel Productions

SUPER SPEEDWAY

USA, 2000, 50 min.
De : Stephen Low.
Avec : Mario Andretti, Michael Andretti, Paul Newman.

Plein la vue ! Tel est le credo du film, conçu pour les cinémas IMAX. Longtemps, ses images ont même servi à vanter les performances des téléviseurs dans les supermarchés. Les acheteurs ont ainsi pu juger des prestations de l'écurie d'IndyCar Newman/Haas, en 1996. Comme celles de Mario Andretti, en essais dans la monoplace de son fils Michael. Encore en superforme, la superstar « Super Wop » - seul champion de F1, Nascar et IndyCar de l'histoire - perfore l'air à 300 km/h, à 30 cm du mur, à 56 ans ! Une super perf' loin d'être superfétatoire : sept ans plus tard, en 2003, il tentera de se qualifier pour Indy 500, avant que six loopings à 340 km/h ne l'en dissuadent... Un épisode à l'image de ce docu : sans superlatif ni superflu, juste superbe.

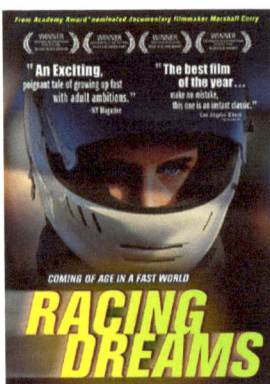

RACING DREAMS

USA, 2009, 1h33.
De : Marshall Curry.
Avec : Annabeth Barnes, Josh Hobson, B. Warren.

Les premières classes. Celles de trois (très) jeunes pilotes américains de karting, voués au même rêve : courir en Nascar. Le réalisateur a eu le nez fin : Annabeth Barnes, l'un des bambins, s'est engagée en Nascar Whelen All-Americain Series Late Model, en 2014. Elu en 2009 « Meilleur documentaire » par le festival de Tribeca, ce film s'immisce dans l'univers du kart avec le même brio que *Become One*, de J. Shofner (p.108).

WHERE THEY RACED

USA, 2013, 1h42.
De : H. Osmer.
Avec : Vic Edelbrock Jr.

Un devoir de mémoire. Cherchant un thème pour sa maîtrise de géographie, voilà quinze ans, l'étudiant Harold Osmer découvrit que la Californie du Sud constitue la région du monde à avoir organisé le plus de courses automobiles ! « *Officiellement, 174 lieux divers y ont accueilli une compétition.* » Enfouies dans les avenues et parkings, des traces ne subsistent que dans le cinéma muet, sans le son des moteurs du début du XXè siècle. Dans ce documentaire, l'ex-élève conjure le sort en empruntant des tracés oubliés, au volant des autos d'antan. Pour ne pas oublier.

LOVE THE BEAST

Australie, 2009, 1h32.
De : Eric Bana.
Avec : Eric Bana, J. Clarkson, J. Leno, Dr Phil McGraw.

C'est grave, doc ? Amoureux transi de sa première auto, une Ford Falcon XB 1974, l'acteur Eric Bana (*Troie*, *Munich*) a fini par la plier contre un arbre, au rallye Targa Tasmania, aussi prestigieux que périlleux. Après vingt ans de vie commune, il ne s'est jamais remis de cette séparation. Au point de convoquer un psychanalyste, dans ce film-confession ! Voilà une étonnante séance d'analyse, qui pourrait accomplir bien des miracles chez certains mécaphiles et nostalgiques de Golf GTI !

THE SOUND OF SPEED

USA, 1962, 30 min.
De : Bruce Kessler.
Avec : Lance Reventlow, Chuck Daigh.

Le bruit et la fureur : voici ce qu'offre la star du film, la F1 Scarab-Offenhauser du team Reventlow. Sur le tracé de Riverside, cette monoplace nous livre sa tournée d'adieu, après un parcours raté en F1. C'était en 1960. Quand la Cooper à moteur arrière avait déjà clos le chapitre de la technologie avant... Plus lentes de 7 secondes que la dernière F1 qualifiée, les deux Scarab du team Reventlow ne prendront le départ que de deux GP : en Belgique (abandons) et aux USA, où Chuck Daigh rallie une homérique 10è place.

Mais la Scarab aura eu le mérite de lancer la carrière de Richie Ginther. Et puis, elle demeure la dernière aventure automobile du *golden boy* Lance Reventlow. Jeune héritier des magasins *discount* Wolwoorth's, ce playboy invétéré usa de ses millions afin de s'essayer au pilotage et de monter sa propre écurie, pour qui Carroll Shelby a même gagné en USAC. Cette frénésie pour les sports mécaniques est née au contact du quatrième mari de sa mère, le prince Igor Troubetzkoy. Vainqueur de la Targa Florio 1948, le pilote parisien aura marqué l'histoire à Monaco, cette année-là, en disputant le tout premier Grand Prix de Ferrari.

Lance Reventlow, enfin, c'est aussi la dernière personne à avoir parlé à James Dean de son vivant. A Salinas, lors d'une halte en pleine course, les deux hommes avaient convenu de se restaurer ensemble. Avant que l'acteur ne reprenne la course, sans jamais pouvoir honorer ce rendez-vous...

BRUCE KESSLER : MOTEUR, IL TOURNE !

Le jour du décès de James Dean, à Salinas, Reventlow officiait comme copilote de Bruce Kessler, le réalisateur de *The Sound of Speed*. Cette reconversion dans le cinéma, Kessler l'a opéré après un crash à Pomona, en 1959, et plusieurs jours dans le coma. Raccrochant les gants pour de bon, Kessler saisira aussitôt une caméra. Avec succès : on lui doit des épisodes de séries TV illustres, comme *Mission : Impossible*, *CHiPs*, *L'Agence Tous Risques*, *Rick Hunter*, *K2000* ! En tant que pilote, l'Américain n'a disputé qu'un GP de Formule 1, à Monaco 1958, sur une Connaught privée. Son jeune patron avait également tenté de se qualifier, pour l'unique fois de sa vie en F1. En vain. Son nom : Bernie Ecclestone.

IF YOU'RE NOT WINNING...

GB, 1973, 1h.
Avec : C. Chapman, P. Wgm,
E. Fittipaldi, R. Peterson.

... *You're Not Trying*. Voici le titre complet de ce documentaire, qui reprend une bonne habitude chère à Lotus : celle d'ouvrir ses portes aux caméras le temps d'une saison, pour un film *corporate*. Une autre époque...

Après avoir évoqué la saison 1967 dans *9 Days in Summer* (et son alter ego *First Time Out*), Colin Chapman se confie sur sa campagne 1973 de F1. Le génial concepteur parle autant tactique, gestion, que technique. Entre exaltations et triomphes, dépits et coups de gueule, rien n'est écarté. Sauf les raisons qui ont poussé Emerson Fittipaldi à rejoindre McLaren, pour 1974. Mais ça...

9 DAYS IN SUMMER

GB, 1967, 45 min.
De : Philip Bond.
Avec : C. Chapman, J. Clark.

L'immaculée conception. Nous voici en 1967, dans les arcanes de la genèse de la révolutionnaire Lotus 49. Imaginant une F1 à moteur porteur, Colin Chapman exige de Ford un V8 qui constituera la partie arrière de l'auto. Les ingénieurs Keith Duckworth et Mike Costin trouvent la parade, et leur bloc remporte le premier de ses 155 succès dès sa première sortie, à Zandvoort 1967. La Lotus-Ford réalisera même le *hat-trick* : pole, meilleur tour et victoire !

Williams Grand Prix Engineering

SENNA

GB/France, 2011, 1h30.
De : Asif Karpadia.
Avec : Ayrton Senna.

Malgré les allégations de certains, Ayrton Senna ne s'est jamais pris pour Dieu tout-puissant. Il aurait pourtant pu, tant ce triple champion du monde de Formule 1 (1988, 1990, 1991) rivalisait d'aura avec celui qu'il rejoignit le 1er mai 1994, lors d'un crash au GP d'Imola. Vu en direct par des centaines de millions de téléspectateurs, ce drame a bouleversé le monde entier, occultant même le génocide rwandais...

Oui : depuis cette disparition, la F1 n'a plus été la même. Oui : la virtuosité du pilote, son charme, sa mystique, sa rivalité avec Alain Prost, jusqu'à sa fin tragique offraient un conte hollywoodien clef-en-main. Seulement voilà : en confondant biographie et hagiographie, Asif Kapadia a sans doute trop cuit ce pain béni...

Car la saudade *Senna* pèche par son manichéisme « Ayrton le gentil, Prost le méchant ». Sans parler du manque d'images réellement inédites : la plupart des séquences du film sont déjà disponibles sur le web, depuis des années !

L'absence de commentaires oiseux peut, elle, satisfaire beaucoup de monde. Malheureusement, ce manque d'explications ne permettent pas d'éclairer les béotiens et de leur expliquer la fascination que le regretté Ayrton pouvait exercer. Et exerce encore... De toute façon, le film *Senna : The Right to Win* (2004) le fait déjà à merveille...

Disons-le : les imperfections du film déçoivent (un peu) les *aficionados* de « Becco ». Cela n'empêche pas les «fans de toujours» débarqués d'avant-hier et les inconditionnels à mi-temps de qualifier *Senna* de chef-d'oeuvre. Concédons-le : on s'y approche ! Même le grand Festival Sundance et les BAFTA partagent cet avis. Leurs jurys ont, en effet, épuisé le dictionnaire des dithyrambes pour attribuer à ce film le titre de « meilleur documentaire » de l'année 2011.

De toutes les manières, Asif Kapadia était sûr de son coup, en accordant le genre du film documentaire avec le sujet Ayrton Senna. Aucun fidèle de « Magic » ne peut, en effet, résister à l'émotion que suscite la seule vue du casque jaune. Ou de la casquette bleue. Ou de la McLaren rouge et blanche. Ou du drapeau vert... Tous ces emblèmes à jamais indissociables de l'idole du peuple brésilien.

Ayrton Senna (1960-1994) : pilote inoubliable et homme hors-du-commun, que Soichiro Honda pensait même *« descendu sur Terre pour apprendre aux hommes à piloter »*. Ainsi soit-il.

FANGIO : UNA VITA A 300 ALL'ORA

Italie, 1980, 1h24.
De : Hugh Hudson.
Avec : Juan-Manuel Fangio.

Juan-Manuel Fangio A.O.C. Depuis plus d'un demi-siècle, en effet, il faut « se prendre pour Fangio » si on veut jouer au pilote. Aujourd'hui encore, aux yeux de beaucoup, ses cinq couronnes de champion du monde de F1 (1951, 1954, 1955, 1956, 1957) et sa modestie lui décernent le titre suprême : celui de plus grand pilote de l'histoire.
Enzo Ferrari qualifiait ce prince d'« *indéchiffrable* ». Et on peut aisément partager cet avis, même après avoir été éclairé par ce très bon documentaire, signé Hugh Hudson, le réalisateur du film *Les Chariots de Feu* !
Le surnommé « El Chueco » - à cause de ses jambes arquées, se confie sur sa carrière, la mort, l'évolution suivie par la Formule 1, sa plus belle course (Nürburgring 1957), ses 24 victoires...
Et dire que cet Argentin a accompli sa carrière sans avoir le permis de conduire !

DESTIN CLAY REGAZZONI

Suisse, 1997, 2h.
De : Antoine Bordier, Claude Torracinta.
Avec : Clay Regazzoni.

« *Danseur, viveur, playboy, et pilote à ses heures perdues* », dira de lui Enzo Ferrari. C'est ce que fut Clay Regazzoni, jusqu'au GP de F1 de Long Beach 1980, où il perdit l'usage de ses jambes. Malgré son handicap, la coqueluche des tifosi participera pourtant au Paris-Dakar, aux 12 Heures de Sebring 1993, ou encore au rallye Londres-Sydney en 2000... Mais le vice-champion du monde de F1 en 1974, amoureux immodéré du pilotage, allait définitivement quitter la piste, le 15 décembre 2006, sur une autoroute, à quelques kilomètres des usines Ferrari...

WEEKEND OF A CHAMPION

GB, 2013, 1h20.
De : Roman Polanski.
Avec : J. Stewart.

Un film à voir et à avoir ! Lors du GP de Monaco 1971, le cinéaste Roman Polanski a usé de son amitié avec Jackie Stewart pour glisser une caméra dans l'intimité du triple champion de F1 1969, 1971, 1973... Quarante-deux ans après cette rencontre, le Festival de Cannes applaudira ce documentaire restauré, présenté hors-compétition. Cette version 2013 s'enrichit d'une retrouvaille entre les deux hommes et de leur analyse sur l'évolution de la F1. L'Ecossais trompe-la-mort confie aussi avoir dénombré, durant sa carrière, ses confrères morts au combat : 57...

FRANKLY... JACKY ICKX

Allemagne, 2011, 1h20.
De : Philip Selkirk.
Avec : Jacky Ickx, Derek Bell.

Son palmarès et son humilité restent légendaires. Autant que sa réticence envers tout projet de film sur sa personne... Mais Jacky Ickx s'est laissé séduire par le talent de Philip Selkirk, auteur de *Caracciola : Die ewige Jagd nach dem Sieg* (p.103), en 2011. Le sextuple lauréat des 24H du Mans, vice-champion de F1 1969 et 1970 et vainqueur du Dakar se confie ici sur sa carrière, l'histoire belge l'a plus fameuse du sport auto. Sa fille Vanina y précise notamment que *« ce n'est pas facile de savoir qui il est ou ce qu'il pense ; il est très secret »*... Bref, classé Ickx !

JOCHEN RINDT LEBT

Allemagne, 2010, 1h25.
De : Christian Giesser, Erich Wallisch.
Avec : Uwe Eisleben, Helmut Marko, Gert Masettig.

Un coureur unique. Jochen Rindt reste le seul pilote de F1 sacré à titre posthume, en 1970. Ce film invite aussi à ne pas oublier que le dandy Autrichien pilotait avec une flamboyance jamais vue alors. De l'acabit de Gilles Villeneuve et d'Ayrton Senna.
Son talent immense poussera même les chauvins Allemands à le considérer comme un des leurs. Et ses cousins germains ont tous pleuré sa mort, aux essais du GP de Monza 1970. Peu de temps avant, il avait promis à sa femme de se retirer, une fois couronné. Ce casse-cou ne se reconnaissait plus dans ce sport auto meurtrier qui, cette année-là, avait déjà fauché Bruce McLaren et Piers Courage, deux amis du couple...

LIVE FAST DIE YOUNG

Suisse, 2005. 1h32.
De : Mark Lareida.
Avec : Jo Siffert, Adélaide Siffert, Peter Gethin, Jack Heuer.

Il claironnait que *« chaque jour implique une mort, chaque nuit une amourette »*. Autant dire qu'avant le départ d'un GP de F1 (2 victoires), Jo Siffert n'était pas du genre à invoquer Saint-Christophe ! Le patron-protecteur des conducteurs a donc fini par le lâcher, dans une courbe de Brands Hatch, en 1971... 50 000 Suisses assistèrent à l'enterrement, saluant le panache et le charme de ce héros populaire. Passé par la misère, Siffert forçait l'admiration de tous, y compris des acteurs Roger Moore, Steve McQueen et Paul Newman. Le cinéma lui offrira quelques caméos dans *Le Mans*, *Grand Prix* et même *La Cité de la Violence*, avec Charles Bronson. Aujourd'hui , la mémoire de « Seppi » perdure grâce à son fils Philippe, qui gère le site www.josiffert.com et distribue deux DVD : *Jo Siffert* d'Hugo Corpataux (tourné de 1969 à 1971), ainsi que l'indispensable *Live Fast Die Young*, sorti en 2005. Pour le plaisir des images super-8, ses anecdotes, les clopes aux becs des pilotes... Et pour tout le reste.

O FABULOSO FITTIPALDI

Brésil, 1973, 1h33.
Réalisateur : Roberto Farias, Hèctor Babenco.
Avec : Emerson Fittipaldi, Wilson Fittipaldi, J. Fittipaldi.

Une erreur à la déclaration de naissance a ajouté la lettre S à son nom de Faria, devenu Farias. D'où, sans doute, ce penchant du cinéaste pour les gauches-droites qui l'amèneront à tourner *Roberto Carlos a 300 por Hora* (p.25). À rencontrer Emerson Fittipaldi, aussi. Sans chicaner, le premier Brésilien champion de F1 a accepté d'être pisté par les caméras de Roberto Farias, au cours des saisons 72 et 73. Dans un Brésil peu concerné par la F1, le sacre d'« Emmo » a sonné telle une révélation, en 1972. Un an après, ce film marquera tellement le pays qu'il est encore perçu, là-bas, comme le meilleur film jamais fait sur le sport. Musique d'Azimuth, groupe légendaire d'électro *do Brasil*.

CARACCIOLA

Allemagne, 2009, 1h37.
De : Philip Sellik.
Avec : R. Caracciola.

Et son record dure encore… Depuis 1938, personne n'a battu les 432,7 km/h atteints sur route publique par Rudolf Caracciola, et sa Mercedes W125 au Cx de balle de fusil (0,175). Témoignages prestigieux et nobles archives illustrent ce film consacré à l'idole du peuple allemand d'avant-guerre.

MADE IT OUT ALIVE

GB. *Production en cours.*
De : Matthew Whiteman.
Avec : Rupert Keegan.

Vous pouvez le croire : on le comparait à James Hunt, dans les années 70 ! Les filles, surtout. Rupert Keegan tient à nous le rappeler dans ce film à sa gloire passée. Dilettante doué, l'Anglais aimait trop la vie pour gravir les sommets où tous le voyaient, après son sacre en F3 britannique en 1976. Un titre en F1 Aurora (1979) et une 5ème place aux 24H du Mans 1983 étoffent un CV orné de 25 GP de F1, pour 0 point... Sans parler d'un livre sur le sponsoring, écrit avec son ex-équipier, Guy Edwards, un expert en la matière. Car Keegan a aussi marqué les esprits par ses partenaires iconoclastes : Penthouse, Durex... On appelle ça avoir une réputation ! Autre bellâtre devant l'éternel, Giancarlo Baghetti (1er au GP de France 1961) avait, lui, lâché le volant pour devenir photographe dans la revue *Playboy* !

Sans oublier...

Dirt (1979)
One By One (1978)
Profile Of A Race Driver (1960)
La Febbre Della Velocità (1978)

THE RACING SCENE

USA, 1971, 1h30.
De : Andy Sidaris.
Avec : James Garner.

Cette précieuse relique de l'acteur James Garner, mort en 2014, se range parmi les récentes résurrections en DVD. Un document pourtant enregistré en 1969 ! Cette année-là, l'écurie de la star, American International Racing (AIR), allait vivre le meilleur : 2è des 24H de Daytona et 6è des 12H de Sebring, avec Ed Leslie et Lothar Motschenbacher sur Lola T70 Mk 3B. Mais Garner vivra aussi le pire, avec le grave accident en F5000 de son pilote Patrick Scooter. Sous ses yeux ! C'est d'ailleurs ce drame qui poussera le comédien à fermer boutique, alors qu'il avait inoculé le virus du sport auto sur le tournage de *Grand Prix*, seulement trois ans plus tôt... Heureusement, le réalisateur Andy Sidaris a partagé la vie du team pendant neuf mois, des sentiers de la Baja California en Ford Bronco au championnat de Formule 5000, disputé avec les Surtees TS5. Et la qualité moyenne de sa petite caméra 16mm n'inspire, en fin de compte, qu'un seul et unique regret : celui d'une époque bannie. Donc, bénie !

1

USA, 2013, 1h52.
De : Paul Crowder.
Avec : M. Mosley.

Enième docu à évoquer la F1 sous l'angle sécuritaire... Une pléthore de pilotes évoque l'évolution technique de cette discipline, qui ne recense plus de mort depuis 1994. Un film au niveau de la catégorie reine du sport auto : une valeur sûre.

BOYS OF BONNEVILLE

USA, 2011, 1h20.
De : Curt Wallin.
Avec : Patrick Dempsey, Jay Leno, Larry H. Miller.

Le feu au lac. Durant l'entre-deux guerres, Ab Jenkins l'a allumé en abattant tous les records, à Bonneville. Sur 50 km comme sur 24 h.
Sa plus belle perf', la voici : en 1940, l'Américain a parcouru 6 224 km en un seul jour, à 259 km/h de moyenne ! Un exploit qui honore sa monture, la Mormon Meteor III *(photo)*. Cette dernière auto conçue par Augie Duesenberg, s'animait du V12 Curtis Conqueror d'un avion, et affichait seulement 2,17 tonnes !

Mais voilà : en 1943, Jenkins lègue la voiture à l'État de l'Utah, pour 1 $. Seule obligation : son entretien perpétuel. L'Administration ne tiendra pas parole... Dans un garage du Lac Salé, le fils du champion retrouvera l'engin vandalisé... Pour la récupérer, il passera devant les tribunaux durant vingt ans ! Jusqu'à la libération suprême, après 6 800 h de restauration...
Illustré d'archives, ce film immortalise cette odyssée. Avec le soutien de Patrick Dempsey.

CAN-AM : THE SPEED ODYSSEY

USA, 2008, 1h34.
De : Robert Nevison.
Avec : Jim Hall, Sam Posey.

Extension du domaine de la démesure... Avec un règlement sans restriction, le championnat Can-Am était le Jardin d'Eden des ingénieurs, de 66 à 74. Et la discipline la plus démente de l'histoire, où les autos les plus puissantes ont concouru. Avec ses images embarquées, ce film expliquent pourquoi seuls les plus grands coureurs s'y sont frottés. Dommage que le docu s'achève abruptement sur le titre de Donohue, en 1973 (photo), sans piper mot sur la dernière saison 1974... Pour en savoir plus sur ces autos : *Can-Am Thunder*, de Pete Lyons.

TINY LUND : HARD CHARGER

USA, 1969, 1h29.
De : Charles Hartman.
Avec : Tiny Lund.

Talladega 1975. Cette fois-là, la Nascar perdit l'un de ses pilotes les plus atypiques : Tiny Lund, le « prolo » du stock-car. Coureur indépendant, sans commanditaire ni héritage, le vainqueur des Daytona 500 1963 avait eu droit à son documentaire, où il s'épanche sur son dévouement de pilote et ses rapports avec ses concurrents sponsorisés.

LA CARRERA PANAMERICANA

USA, 1992, 1h05.
De : Ian McArthur.
Avec : David Gilmour, Nick Mason (Pink Floyd).

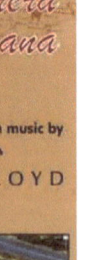

Pan-Am Shuffle et *Carrera Slow Blues* ne sont pas des musiques célèbres de Pink Floyd. Elles ont juste été conçues pour ce film, qui suit les tribulations du guitariste David Gilmour et du batteur Nick Mason, lors de la Carrera Panamericana 1991. Périlleuse course mexicaine bannie en 1955, après la tragédie du Mans, cette épreuve revit sous l'allure d'un rallye historique depuis 1988.

24H : A MATTER OF SECONDS

France, 2013, 15 min.
De : Jérôme Raynaud.
Avec : Allan McNish, Wolfgang Ullrich, Serge Montorier.

Sans oublier …

Race For Glory (2013)
Fuel The Thunder (2011)
Funny Car Summer (1974)
The Killer Years : CP (2013)

Les 24H du Mans : une course à la gomme ? C'est ce que fait savoir ce documentaire, signé Michelin. Des essais hivernaux à son douzième succès sarthois avec Audi, Bibendum a immortalisé sa campagne 2013, en guise d'hommage à la synergie des ingénieurs de Clermont-Ferrand, comme ceux d'Ingolstadt. Sous la caméra de Jérôme Raynaud, ces derniers tiennent à nous rappeler que même une course longue de 24 heures *« se gagne ou se perd sur un changement de pneus »*. Nul n'en doutait !

TRUTH IN 24 II

Allemagne, 2011, 1h22.
De : Rob Gehring.
Avec : 2011 Audi Sport Team Joest.

Le même *Truth in 24* de 2008, en mieux ! Audi nous plonge au coeur de son succès aux 24H du Mans 2011. Une victoire aussi éprouvante que celle de 2014. Après l'abandon sur accident de deux autos d'Ingolstadt, la dernière R18 TDI du trio Lotterer-Tréluyer-Fässler a dû lutter contre les trois Peugeot 908, pour l'emporter avec seulement 13 secondes d'avance !
Et on en apprend une bien bonne : au Mans, les pilotes couvrent 4 800 km en un jour, soit autant que leurs confrères de la F1 sur un an.

SPEED SISTERS

Canada, *Production en cours.*
De : Amber Fares.
Avec : M. Ennab, N. Daoud, M. Zahalka, M. Jayyusi, B. Saadeh.

Il était une fois, à Ramallah, cinq femmes pressées en Territoire occupé : Mona, Noor, Marah, Maysoon, Betty. Cinq Palestiniennes bien décidées à s'affranchir de l'Histoire pour écrire la leur, celle des Speed Sisters : le premier team 100 % féminin au Proche-Orient, fondé en 2010. Sponsorisées par le Consulat britannique, elles défient les hommes aux checkpoints des courses de rallyes, drifts et time-attack. Loin des carcans politiques et familiaux. Les parents de Maysoun ont ainsi découvert l'activité de leur fille dans le journal local. *« Mon Dieu, tu vas mourir ! »*, l'ont-ils prévenue… *« Nous nous sentons libres*, affirme cependant Mona, une de ses équipières. *C'est une façon d'échapper à notre quotidien. »* Un quotidien qui, dans les comptes de faits, ne change guère depuis mai 1948 et la création de l'Etat d'Israël mais c'est une autre histoire changeons de sujet.

EASIER SAID THAN DONE

USA, 2013, 1h14.
De : Matt Johnston.
Avec : Chris Duplessis, Petter Solberg, Ken Block.

Sublime immersion dans le bain des rallyes, aux côtés du triple champion américain de la discipline, Chris Duplessis. Cinq lettres suffisent à qualifier les prises de vues et ralentis : bravo !

BECOME ONE

USA, 2013, 1h07.
De : John Shofner.
Avec : Rob Howden.

Les amoureux du karting tiennent là leur film de chevet. Selon le réalisateur, cette discipline *« n'est pas perçu comme un sport sérieux (…). C'est ce que je veux changer »*. Mission réussi.

THE SPEED MERCHANTS

USA, 1972, 30 min.
De : Michael Keyser.
Avec : M. Andretti, V. Elford.

1972 : l'âge d'or de l'Endurance. Car la lutte entre Ferrari et Alfa Romeo, pour le championnat du monde des voitures de Sport, reste la plus acharnée de l'histoire. Ce film s'immisce dans la vie des deux teams, et de leurs pilotes : Mario Andretti et Vic Elford. Un moment rare.

ONCE UPON A WHEEL

USA, 1971, 1h.
De : David Winters.
Avec : Paul Newman.

Tandis que nos parents jouissent sans entrave, portent des gilets en peau de mouton et lisent *Le Singe Nu* de Desmond Morris, David Winters se pose la question suivante : qu'est-ce qui peut bien pousser autant de gens à se passionner pour le sport auto ? Le réalisateur a donc cherché des réponses parmi les grands noms du circuit (Mario Andretti, Al Unser), ainsi qu'auprès de nombreux acteurs d'Hollywood, dont James Garner, Kirk Douglas ou Cesar Romero. Ces interventions constituent, d'ailleurs, le seul véritable intérêt de ce film vieillissant. Mais les adeptes de Paul Newman seront ravis, l'acteur assurant la présentation. En attendant la sortie d'un docu dédié à sa carrière de pilote. A ce sujet, le producteur Adam Carolla nous promet que cela arrivera bientôt. On verra bien.

Avec ses records de vitesse et ses seconds rôles au cinéma (p.114), l'Américain Barney Oldfield restera le premier pilote superstar de l'histoire. ©DR

MUET

THE ROARING ROAD

USA, 1919. 58 min.
De : James Cruze.
Avec : Wallace Reid, Ann Little, T. Roberts.

Aucune marque n'a gagné trois fois d'affilée l'épreuve (fictive) des 400 miles de Santa Monica. Pour conjurer le sort, le président de la firme (imaginaire) Darco compte bien sur sa «Ninety» (une Hudson Racecar) et sur son pilote, joué par Wallace Reid. Le coureur, lui, s'intéresse autant au succès qu'à la main de la fille du patron. Mais ce dernier souhait sera exaucé, après avoir explosé le record de la course. Non sans risque : sur sa Stutz Bearcat, l'intrépide acteur a dû défier un train à pleine vitesse, avant de lui barrer la route *in extremis* ! Réalisé sans trucage.

EXCUSE MY DUST

USA, 1920.
De : Sam Wood.
Avec : Wallace Reid, Wallace Reid Jr., Ann Little, Theodore Roberts.

Qu'on se le dise : avant Newman, McQueen et consorts, il y avait Wallace Reid. Ce fringant comédien mit à l'honneur sa passion de l'automobile dans moult de ses 200 films, tels *Too Much Speed* (1921) ou son dernier opus, *Accross the Continent* (1922), deux bandes perdues à jamais... Mais *Excuse my Dust* a pu être préservé. Reid y joue le manager d'une écurie, dont le président a vendu les trois nouvelles autos sur un coup de colère... En vue de la course Los Angeles-San Francisco, l'équipe rivale en rachète deux. Pour laver cet affront, Reid va acquérir la dernière monture et s'engager dans cette (fictive) épreuve.
Devenu morphinomane après de graves blessures subies lors du tournage de *La Vallée des Géants* (1919), Reid sera la première étoile d'Hollywood à mourir des effets de la drogue. En fait, il décèdera d'une grippe contractée dans le sanatorium où il se désintoxiquait...

MABEL AU VOLANT

VO : *Mabel at the Wheel*
USA, 1914. 18 min. De : Mack Sennett, Mabel Normand.
Avec : Charlie Chaplin, Mabel Normand.

Éconduit par Mabel, Charlot se venge en enlevant son petit-ami pilote, incapable alors de participer à l'édition 1914 de l'illustre Vanderbilt Cup...
Très bien : Mabel prendra le volant vacant et remportera l'épreuve, malgré les assauts de Chaplin et de ses sbires pour saboter la course !
L'Histoire, elle, ne retiendra que le nom du véritable vainqueur de cette prestigieuse compétition : Ralph DePalma, sur Mercedes « Gray Ghost ».
Au cours du film, il est amusant de constater à quel point la querelle entre Charlie Chaplin et Mabel Normand se montre criante de vérité. Et pour cause : le tournage faillit ne jamais s'achever, tant les deux comédiens se détestaient copieusement !
Charlie Chaplin, en effet, n'appréciait pas l'humour de sa consoeur, le jugeant peu raffiné. De son côté, l'actrice et co-réalisatrice du court-métrage ne voulait en aucune façon « élever le niveau ». L'entente entre les deux deviendra vite impossible, poussant Mack Sennett à envisager le limogeage de Chaplin. Avant de réussir à calmer le jeu. Las, Charlot s'est alors mis à penser sérieusement à la réalisation...

CHARLOT ET LES SAUCISSES

VO : *Mabel's Busy Day*
USA, 1914. 10 min. De : Mack Sennett.
Avec : Charles Chaplin, Mabel Normand, Charles Avery.

Mabel et Charlot profite de la Vanderbilt Cup de 1914 pour y tourner cet autre court-métrage... et investir les gradins sans avoir payé leurs tickets ! Si lui veut voir la course, elle souhaite y vendre des hot-dogs. Mais des spectateurs odieux et un policier zélé vont ruiner leur journée.

Sans oublier …

Super Speed (1925)
Racing Hearts (1923)
Racing Luck (1924)
The Racing Fool (1927)
The Speed Classic (1928)
The Speed Limit (1926)

THE FIRST AUTO

USA, 1927. 1h17.
De : Roy Del Ruth.
Avec : Russell Simpson, Gibson Gowland, B. Oldfield.

Comme un passage de témoin. Avec ses rares paroles ci et là, ce film muet marque d'abord la venue du cinéma parlant. Ensuite, le fond de l'histoire repose sur la transition du transport à cheval vers l'automobile, industriellement opérée avec la Ford T.
La firme d'Henry Ford est d'ailleurs à l'honneur avec sa 999, aux mains du pilote Barney Oldfield *(photo)*. Née en 1902, la 999 reste bien plus que la première Ford de compétition : la première voiture à jouir d'un statut de star. Peu avant sa mort, Ford confiera à Oldfield : « *Vous m'avez fait et je vous ai fait.* » Le pilote répliqua : « *La 999 nous a fait tous les deux.* »
The First Auto a été marqué par le décès de Charles E. Mark, sur circuit. Terrible ironie : l'acteur jouait un pilote qui échappe à la mort après un crash en course…

OLDFIELD'S RACE FOR A LIFE

USA, 1913. 13 min.
De : Mack Sennett.
Avec : Mabel Normand, Ford Sterling, Barney Oldfield.

Voilà le précurseur du cinéma à grand spectacle.
Mabel Normand se fait ici capturée par un éconduit, puis bâillonnée sur une voie ferrée. Mais Barney Oldfield vole à sa rescousse, au volant d'une Mercedes Prince Henry Special. La première *superstar* du volant défie alors le train, le dépasse, puis délivre la belle *in extremis*. Spectaculaire en 1913, cette scène a fait bien des émules à Hollywood, depuis… Les inconditionnels des dessins-animés Looney Tunes et Merrie Melodies ne prétendront pas le contraire !

THE SPEED KINGS

USA, 1913. 8 min.
De : Wilfred Lucas.
Avec : F. Sterling, M Normand, T. Tetzlaff, E. Cooper.

Un « speed-dating », en quelque sorte… Mabel Normand se rend ici à l'édition 1913 de la Santa Monica Road Race (illustre course de 1909 à 1919), pour y applaudir son idole : le vrai Teddy Tetzlaff. Elle finira dans ses bras, au grand dam de son père qui l'avait promise au réel vainqueur de la course, Earl Cooper. Le tuteur passera ses nerfs sur le directeur de course, joué par Fatty Arbuckle, à qui l'on doit le plus vieux gag au monde : la tarte à la crème en pleine poire !

RACING FOR LIFE

USA, 1924. 50 min.
De : H. MacRae.
Avec : W. Fairbanks.

Ou comment bien utiliser cinquante minutes de sa vie. D'abord, pour chercher trace de ce film en vidéo. Pour y admirer, ensuite, la figuration historique de l'Italien Ralph DePalma. Glorieux pilote des années 1910, DePalma sera le premier coureur non-américain à gagner les 500 miles d'Indianapolis, en 1915.
En revanche, on passera sur la vacuité du script : un pilote aide son frère, sous le coup de la justice, en remportant une grande course. Au passage, il en profite pour séduire la fille du patron.

SPEEDWAY

VF : *Coureur*
USA, 1929. 1h22. De : Harry Beaumont.
Avec : Williams Haines, Anita Page, Ernest Torrence.

Nul doute : voici l'un des films muets les plus aboutis du cinéma d'antan. C'est aussi l'un des derniers du genre : deux ans plus tôt, Alan Croslan et son *Chanteur de Jazz* lancèrent une nouvelle ère, celle du cinéma parlant. *Speedway* n'est cependant pas un « muet » à proprement parler ! Ce long-métrage arbore, en effet, quelques sons de moteurs saisis sur le tournage, lors des 500 miles d'Indianapolis de 1928.
Le film arbore également le duo d'acteurs le plus *bankable* de l'époque : la « reine du muet » Anita Page et Williams Haines. Dans une combinaison de pilote, ce dernier tient son rôle de prédilection : un fanfaron, qui subit l'humiliation avant de renouer avec le succès. Mais l'opprobre accablera véritablement Haines, en 1934 : en apprenant son homosexualité, Hollywood a sitôt décidé de le placarder. Définitivement.

LE RAID PARIS-MONTE CARLO EN DEUX HEURES

France, 1905. 10 min.
De : Georges Méliès.
Avec : Fernande Albany, Henry Fragson, Félix Galipaux.

Le tout premier *road-movie*, c'est lui. Aussi intitulé *An Adventurous Automobile Trip*, ce court-métrage ne s'inscrit pas comme le plus illustre du réalisateur Georges Méliès. Il gagnerait pourtant à devenir l'égal de *Voyage Dans la Lune* (1902), par son grand sens du rythme et du divertissement.
On y suit le périple du Roi de Belgique Léopold II. Le monarque souhaiterait se rendre à Monte-Carlo depuis Paris, mais les dix-sept heures de trajet en train n'ont pas l'heur de lui plaire… Il croise alors un tout nouveau spécimen de la nature : un automobiliste, qui prétend le convoyer jusqu'au Rocher en juste deux heures ! C'était sans compter sur les péripéties, accidents et avaries, qui jalonneront leur parcours…
Dans cette fable, les critiques de l'époque relevèrent moins une attaque contre l'automobile qu'envers Léopold II lui-même. En effet, depuis un accident de voiture, le souverain était tourné en ridicule et qualifié de « danger public ». Et puis, le sacrifice de 10 millions d'hommes à la création de son Congo belge a aussi fomenté toutes ces railleries… Pionnier des trucages, George Méliès reste, lui, le créateur des fondus enchaînés ou encore de la surimpression. Les Français doivent également à ce cinéaste le premier studio de cinéma du pays.

THE '?' MOTORIST

Autre titre : *The Questionmark Motorist*
GB, 1906. 3 min.
De : Walter R. Booth.

En 1900, critiquer l'automobiliste s'avérait déjà une vieille habitude. Si le *Voyage à Travers l'Impossible* (Méliès, 1904) donne le la, Walter R. Booth signera un joyau du genre, deux ans après. Ici, une voiture sème la police en atteignant Saturne...

EXPLOSION OF A MOTOR CAR

GB, 1900. 1 min.
De : Cecil M. Hepworth.
Avec : Cecil M. Hepworth, Henry Lawley.

Tout est dans le titre. Sinon, rien d'autre que la première apparition d'une voiture au cinéma, une Mobile Steamer, dans ce court-métrage également intitulé *The Delights of Automobiling*.

THE ROAD DEMON

USA, 1921.
De : Lynn Reynolds.
Avec : Tom Mix, Claire Anderson, Charles Arling.

Pour les imbéciles non-américains (ou assimilés) qui trouvent les westerns trop abscons, il y a ce film. Comme pour ceux qui ne comprennent rien aux romans de Bret Easton Ellis, il y a ceux de Frédéric Beigbeider. C'est un exemple.

KID SPEED

Autre titre : *The Four-Wheeled Terror*
USA, 1924. 20 min. De : Larry Semon, Noel M. Smith.
Avec : Larry Semon, Dorothy Dwan, Oliver Hardy.

Tandis que la France pouffe avec le pétomane Joseph Pujol, les Etats-Unis découvre l'humour pétaradant d'un sacré gaillard : Oliver Hardy. Pas encore en couple avec Stan Laurel, « Babe » joue les pilotes peu commodes, dans sa Packard 1923 d'IndyCar. Pour la main d'une fille, il provoque en duel l'autre prétendant, sur Duesenberg 183 : « Kid Speed », un bellâtre joué par Larry Semon *(photo)*... à qui l'on doit le personnage de Zigoto !

Sans oublier ...

Racing Romance (1926)
Greased Lightning (1919)

Crack O'Dawn (1925)
Lucky Devil (1925)
California Straight Ahead (1925)
The Little Mademoiselle (1915)

Depuis 2002, le comédien Patrick Dempsey (au centre) enchaîne les courses d'Endurance avec sa propre écurie (p.129), le Dempsey Racing. © DPPI / Jean-Michel Le Meur

ILS TOURNENT !

LEONARDO DI CAPRIO

USA, né en 1974.
Titanic, Aviator, Inception, Gatsby.
Course : co-propriétaire du Venturi Formula E Team.

Cet écologiste averti s'est associé au *tycoon* Gildo Pastor pour lancer la firme Venturi dans le nouveau championnat de Formule E. Cette compétition de monoplace « zéro émission de CO_2 » se déroulera entre septembre 2014 et juin 2015, autant dire à cheval !

PAUL NEWMAN

USA, (1925-2008).
Virages, La Couleur de l'Argent, Butch Cassidy et le Kid, L'Arnaque.
Course : 24H du Mans 79 (2è), copro. Newman/Haas Racing.

Depuis *Winning* en 1969, Paul Newman ne s'est plus jamais rangé des voitures. La star s'offrira même le loisir de se classer 2ème des 24H du Mans 1979, sur une Porsche engagée par Dick Barbour. Et en 1995, il remportera les 24H de Daytona en catégorie GTS-1... à 70 ans ! « King Cool » coiffera surtout les lauriers à la tête de sa propre écurie d'IndyCar : le Newman/Hass Racing. Né en 1983, le team se targuera de 8 titres entre 1984 et 2007, sans parler de ses 107 victoires et 109 poles-positions. Seuls Penske et (bientôt) Ganassi peuvent en dire autant ! Malheureusement, en 2008, l'équipe ne se relèvera pas de la mort du comédien, d'un cancer des poumons. Trois ans après, la crise économique achèvera l'un des plus glorieux chapitres de l'histoire du sport...

JEAN-LOUIS TRINTIGNANT

France, né en 1930.
Un Homme et une Femme, Amour, L'Homme qui Ment, Z.
Course : 24H de Spa 1982 (2è), 24H du Mans 1980 (ab.).

Le sport auto lui colle à la peau. Neveu de Maurice Trintignant, premier Français vainqueur en F1, on le sait marié à l'ex-pilote Marianne Hoepfner. Et on l'a vu tenir le volant dans *Un Homme et Une Femme* (de Claude Lelouch, p.58), ainsi qu'aux 24H du Mans 1980 (abandon) ou au Monte-Carlo 1981 (46è). Beau 2è des 24H de Spa 1982 (avec Jarier), César 2013 du meilleur acteur… On peut lui donner du Monsieur.

JAMES GARNER

USA, (1928-2014).
Grand Prix, La Grande Evasion, Murphy's Romance, Space Cowboys.
Course : Propriétaire de l'écurie American International Racing (AIR).

« Si je n'avais pas été acteur, j'aurais voulu devenir pilote », écrira-t-il dans son autobiographie. C'est en tournant *Grand Prix*, en 1966, que le sport auto est devenu « le piment de sa vie ». Au point que l'an suivant, Garner participe à la Baja 500. Et surtout, il crée son écurie : American International Racing. L'acronyme AIR s'affichera sur de multiples championnats, tant en rallye-raid qu'en Endurance (SCCA) ou en monoplace (F5000). Avec brio : sa Lola T70 Mk 3B finira 2è des 24H de Daytona 1969, avec Ed Leslie et Lothan Motschenbacher. Cette saison 1969, malheureusement, son pilote-fétiche Patrick Scooter manque de se tuer dans un crash en F5000 (ou Formule A). Devant ses yeux… Choqué, le « Chapardeur » jètera l'éponge, après seulement deux ans d'exercice. Une courte carrière, qu'il a toutefois immortalisé dans le précieux documentaire *The Racing Scene* (p.104).
En 1974, il participera toutefois à un projet insolite : une IndyCar à 4-places ! Développée par Mike Haas et le pilote Bob Bondurant, la « James Garner Special » ne restera qu'un concept, désormais exposé au Barber Motorsport Museum. Un détail : l'autocollant « James Garner » a été retiré du capot avant, depuis. Pour que cet illustre nom ne s'apparente pas à cet anonyme échec ?

MICHAEL SCHUMACHER

Allemagne, né en 1969.
Champion du monde de Formule 1 1994, 1995, 2000, 2001, 2002, 2003, 2004.
Films : *Cars, Astérix aux Jeux Olympiques*.

Par Toutatis, tournevis, V6... voici Schumix ! Après une *voix-off* dans *Cars* (2006), le plus titré des pilotes de F1 sort de sa retraite pour jouer un aurige dans la comédie *Astérix aux Jeux Olympiques*, en 2008. Son patron chez « Ferrarix », Jean Todt, l'accompagne. Mais le ciel ne leur est pas tombé sur la tête : leur cachet a été reversé à l'Institut du Cerveau et de la Moelle épinière. *Auri sacra fames*, disiez-vous ?

JEAN-LOUIS SCHLESSER

France, né en 1948.
Ch. du monde Sport 1989-90 et Rallye-raid de 1998 à 2002.
Films : *Taxi 2, Taxi 3*.

Ni son apparition dans *Taxi 2* (2000), au volant d'une 306 Maxi, ni son travestissement en agent de police dans *Taxi 3* (2003), ne parviennent à émailler l'impeccable CV de ce double vainqueur du Paris-Dakar, en 1999 et 2000...

JENSON BUTTON

GB, né en 1980.
Champion du monde F1 2009.
Film : *La Légende du Temps*.

Shooter un futur champion de F1 malgré lui, les paparazzi en rêvaient ; Izaki Lacuesta l'a fait... sans même le savoir ! Alors qu'il tournait la scène d'ouverture de son docu musical *La Leyenda del Tiempo*, le cinéaste a mis en boîte Button, à la sortie de l'aéroport de Jerez, hiver 2006. Olé !

EDDIE IRVINE

Irlande du Nord, né en 1965.
Vice-champion F1 1999.
Film : *Le Prince et Moi*.

Celui qui faillit devenir, en 1999, le premier champion de F1 sans jamais s'être qualifié en première ligne s'est essayé au 7è art. Pour la frime. Le playboy Irvine (ex de Pamela Anderson et Manuela Arcuri !) joue ainsi son propre rôle dans une comédie romantique : *The Prince and Me* (2004).

GRAHAM HILL

GB. (1929-1975).
Ch. du monde F1 1962, 1968.
Films : *Grand Prix, Dans l'Enfer de Monza, The Fast Lady, Le Passager.*

Ce double champion de F1 fut un homme extraordinaire. Et ses moult apparitions au cinéma attestent de son aura. Figurant dans *The Fast Lady* de K. Annakin, et *Le Passager* de G. Reeves, il jouera « Bob Turner » dans *Grand Prix (p.60)*, puis son propre rôle avec *Dans l'Enfer de Monza (p.25)*. Sans en faire des tonnes, Graham pèse encore lourd sur les circuits : nul n'a gagné le GP de Monaco, les 24H du Mans et Indy 500, hormis lui !

RICARDO RODRIGUEZ

Mexique. (1942-1962).
2è 24H Mans 1960.
Film : *Muchachas que Trabajan.*

Parangon de précocité, le 2è des 24H du Mans 1960 (à 18 ans) a joué son propre rôle dans *Muchachas que Trabajan* (p.18), succès du cinéma mexicain en 1961. Cinq ans avant, il faillit écrire l'histoire en s'engageant au Mans, avant le refus des officiels. La raison ? Son âge : 14 ans !

JUAN MANUEL FANGIO

Argentine. (1911-1995).
Ch. du monde F1 1951, 54, 55, 56, 57.
Film : *Turismo de Carretera.*

Seigneur parmi les saigneurs, « El Maestro » ne suivait qu'un credo : s'imposer sans imposer, mais honorer. Jusqu'au cinéma, qu'il gratifia de deux prestations dans *Le Dernier Rendez-Vous* (p.62), ainsi que *Turismo de Carretera (p.19)*, de Rodolfo Kuhn, avec le pilote Oscar Gàlves.

JACK BRABHAM

Australie. (1926-2014).
Ch. du monde F1 1959, 60, 66.
Film : *Le Casque Vert.*

Drame d'un pilote aux confins de sa carrière, *Le Casque Vert* (p.23) n'a marqué les esprits, en 1961, que pour ses caméras embarquées et son second rôle : le champion de F1 alors en titre, Jack Brabham... Pour garantir sa place dans la postérité, l'Aussie préfèrera gagner un troisième titre mondial, cinq ans après.

Ils tournent !

HOLLYWOOD A DAYTONA

Formé par Bob Bondurant, Clint Eastwood (à gauche) devait disputer les 24H de Daytona 1978. Avant qu'un camion...

Les 24 Heures de Daytona ont séduit de nombreuses stars. L'édition 1978 a même failli accueillir cinq acteurs, prêts à courir dans la même équipe ! Failli seulement...

Comme les cinq doigts de la main... Clint Eastwood, Paul Newman, Dick Smothers, et les frères Carradine (David et Robert) avaient scellé un pacte : disputer les 24H de Daytona 1978, tous ensemble ! Les cinq comédiens allaient ainsi courir au sein de la même écurie, forte de trois voitures. Et patatras : « Deux des trois autos ont été démolies, ainsi que le camion de l'équipe, dans un accident de la route, sur le chemin du circuit... » Cette révélation provient du directeur de la communication du championnat Grand-Am, J.J. O'Malley, dans son livre Daytona 24 Hours : The Definitive History of America's Greatest Endurance Race, publié en 2003.
Dommage. Car il s'agissait de la seule occasion de voir Clint Eastwood tenir un volant de compétition. En 1977, un an avant ce « drame », la star s'était déjà rendue à Daytona, mais seulement pour sponsoriser la Ferrari Daytona GTB/4 de l'écurie Modena Sport Cars, pilotée par Paul Newman (photo), son ami. L'histoire ne dira pas encore que l'on ne verrait plus « Blondin » s'approcher des circuits...
Dans ce millésime 1977, David Carradine avait joué les mécènes, lui aussi. Le héros de Shogun finança l'autre Ferrari du team Modena, afin de faire courir son frère Robert. A l'instar de Newman et Garner, c'est en tournant un film (Cannonball) que les Carradine ont été contaminés par le sport automobile. Etonnant, non ?!
Sinon, vous souvenez-vous de Lorenzo Lamas ? Votre femme, oui ? Dîtes-lui que vous n'avez plus de ses nouvelles depuis sa participation aux 24H de Daytona 1988. Cette année-là, celui qui n'était pas encore « Le Rebelle » profita de son succès, avec la série Falcon Crest, pour engager une Fabcar-Porsche et tenir son volant. Mal lui en a pris : il abandonnera sur sortie de route, au grand dam de son coéquipier Perry King, un acteur vu dans la série Riptide. L'année suivante, le patron-pilote Lamas récidivera. Il engagera même le futur vainqueur d'Indy 500, Buddy Lazier, et terminera son exercice à une honorable 31ème place.
Peu connu en Europe, Craig T. Nelson a également coiffé la casquette de pilote-directeur. Cette vedette de sitcoms américaines a ainsi engagé une Lexus aux 24H de Daytona 1995, puis une Riley & Scott aux deux éditions suivantes. Sans jamais voir le drapeau à damier... Pour baptiser son écurie, il n'avait rien trouvé de mieux que de récupérer le nom affreux de son équipe de football, dans la série télé Coach : « Screaming Eagles Racing. » Tape-m'en cinq !

BRUCE JENNER

USA, né en 1949.
Very Bad Games, The Big Tease / 1er aux JO 1976 (décathlon).
Course : IMSA GTO 1985 (2è), 12H Sebring 1985 (4è).

Reconnaissons-lui quatre mérites. 1 : sa médaille d'or en décathlon, aux JO de Montréal 1976. 2 : supporter ses belles-filles Kardashian. 3 : avoir découvert Scott Pruett, qui courra avec lui en IMSA GTO, en 1985. 4 : avoir mené les 24H de Daytona 1985 dès le départ, avant d'abandonner à 30 minutes de l'arrivée... Il dirige aujourd'hui un team en Lambo Super Trofeo.

ROBERT CARRADINE

USA, né en 1954.
Cannonball, Au-Delà de la Gloire, Lizzie McGuire, Les Tronches.
Course : 24H Daytona 1978 (2è), 12H Sebring 1986 (7è).

Une virée dans *L'Equipée du Cannonball* (p.48) l'aura contaminé à jamais. Entre 1977 et 2000, le frère de David affichera ainsi sept départs aux 24H de Daytona (8è en 78), cinq aux 12H de Sebring (7è en 86), et deux 2è places en IMSA Supercar, en 1991.

ERIC BANA

Australie, né en 1968.
Troie, Munich, Hulk, Star Trek, Love the Beast.
Course : 2014 Bathurst 12H (13è), 2009 Australian GT (8è).

L'Aussie est insatiable : 8è et 10è de l'Australian GT Challenge, en 2009 et 2010, il signe une 13è place aux fameuses Bathurst 12H, en 2014. Et l'acteur s'impatiente de la prochaine édition, qu'il disputerait avec Mark Webber. Nous aussi ! *(voir p.95)*

PAUL WALKER

USA, (1973-2013).
Fast & Furious, Brick Mansions, Mémoires de nos Pères.
Course : Redline Time Attack 2010.

Bien plus que le héros de *Fast & Furious* : un vrai pilote, adepte de Time Attack. *« Si je meurs dans un accident de voiture, ne pleurez pas, car je souriais »*, prévenait-il. Ses fans déplorent encore à chaudes larmes sa mort sur la route, fin 2013...

Sans oublier...

Ari Vatanen (*Camping*)
M. Papis, J-P. Montoya, J. Alesi,
R. Moreno, K. Brack (*Driven,*)

Phil Hill (*Grand Prix*)
Parnelli Jones (*Checkered Flag or Crash, Gone in 60 Seconds*)
Richard Petty (*Swing Vote*)

Claude Brasseur (1er Dakar 83)
James Brolin (16è, Le Mans 82)
Guido Lollobrigida
(22è, 3H Daytona 1962)

DANNY SULLIVAN

USA, né en 1950.
Vainqueur d'Indy 500 1985, Champion CART 1988.
Films : *2 Flics à Miami*, *The Doors*, *Gangster, Sex & Karaoké*.

On connaît son passage dans un épisode de *Miami Vice* (p.74), un peu moins celui dans *Gangster, Sex & Karaoké*, avec Jude Law. Mais si vous revoyez *The Doors*, d'Oliver Stone, observez mieux les policiers autour de Jim Morrison (Val Kilmer), à New Haven…

MILKA DUNO

Venezuela, née en 1972.
ARCA 2013 (7è), IndyCar 2007 (20è), ALMS LMP675 2001 (2è).
Film : *Speed Racer*.

Cette ex de l'IndyCar stupéfie par son talent à se promouvoir. Jusqu'à Hollywood, qui l'accueillit dans *Speed Racer* (p.87). La Vénézuélienne y joue Kellie « Gearbox » Kalinkov, une pilote russe !

FRED LORENZEN

USA, né en 1934.
Vainqueur Daytona 500 1965, 3è en Nascar 1963.
Films : *I Love You I Love You Not*, *Speed Lovers*.

En 1968, le public rira du piètre *Speed Lovers* (p.29), où Lorenzen joue son propre rôle. Six ans plus tard, il surprendra cette star de la Nascar dans… un film érotique : *I Love You I Love You Not*, de James Bryan.

DANICA PATRICK

USA, née en 1982.
Indianapolis 500 2009 (3è).
Film : *Les Experts : Manhattan* (épisode : *The Formula*)

La seule femme vainqueur en IndyCar (Motegi 2008). L'unique « polewoman » en Nascar Sprint Cup. On peut se taire. On ajoutera juste que Danica Patrick poursuit sa route en se prêtant à tous les jeux, dont la comédie. On l'a ainsi vue dans un épisode de *Les Experts : Manhattan* (p.71), suspectée du meurtre d'un rival. Car victorieuse, rude, jalousée… La légende Danica est là. L'Américaine a déjà séduit la moitié du globe. L'autre viendra bientôt.

GIACOMO AGOSTINI

Italie, né en 1942.
15 fois Ch. du monde moto, non-classé en F2 (1978), 8è F1 Aurora 1979 et 5è en 1980.
Films : *Bolidi Sull'Asfalto a Tutta BIrra !, Nell'Inferno del Grand Prix, Amore F2*.

Ses 15 titres mondiaux l'ont sanctifié meilleur motard de l'histoire. Mais la *Cinecittà* n'a pas su le diviniser, la faute à trois films moyens... A y jouer le bellâtre, cet as impeccable aurait pu se faire mal. Après *Amore F2* (p.23) et *Dans l'Enfer de Monza* (p.25), « Ago » faillit vraiment s'oublier en s'essayant à la monoplace...

BARNEY OLDFIELD

USA, (1878-1946).
Indianapolis 500 1914 (5è) et 1918 (5è).
Films : *Blonde Comet, The First Auto, Race for Life, The Speed Kings*.

Le premier homme à atteindre les 100 km/h en auto s'invitera dans une dizaine de films. Insolite : en 1906, ce casse-cou fit ses premiers pas à Broadway dans *The Vanderbilt Cup*, une comédie musicale !

TEDDY TETZLAFF

USA, (1883-1929).
Vainqueur Santa Monica 1912, 2è d'Indy 500 1912.
Films : *The Speed Kings, The Roaring Road*.

Sa présence dans *The Speed Kings* (p.115) a séduit Wallace Reid, qui le sollicitera ensuite pour des doublures. Son fils Ted deviendra même cinéaste, signant deux succès : *The Window* et *Le Fils de Sinbad*.

EIRANE «PADDIE» NAISMITH

GB. (début du XXè siècle). Pilote auto et aviatrice.
Film : *The Iron Duke*.

Les mâles l'avaient bannie de compétition après son succès au rallye de Brooklands 1934... Serait-ce pour ça qu'elle joua une camériste, dans un biopic sur le Duc de Wellington, cette année-là ? Pour l'Histoire, son portrait sera la première image en couleur de la télé *british*, en 1940.

STEVE MCQUEEN

USA (1930-1980).
Le Mans, Bullitt, L'Affaire Thomas Crown, Le Kid de Cincinnati.
Course : 12H Sebring 1970 (2è).

Solar Productions

Le prototype même de l'acteur-pilote. D'ailleurs, il gagnait sa vie au guidon d'une motocross, avant de vivre le succès de la série *Au Nom de la Loi*.
Sa science du pilotage s'exprimera dans *Bullitt* (1968) et *Le Mans* (1971, p.56). Mais son talent éclaboussera le public aux 12H de Sebring 1970, qu'il disputera avec Peter Revson et... un pied dans le plâtre ! Mieux : sur Porsche 908/02, il remporte la classe 3 litres, et rate la victoire au général pour seulement 23 secondes, derrière la Ferrari 512S du trio Andretti-Giunti-Vaccarela.

DR

FRANKIE MUNIZ

USA, né en 1985.
Malcolm, Mon Chien Skip, Cody Banks.
Course : F. Atlantic (4è en 2009, 11è en 2008, 22è en 2007)

En 2009, le team Stargate (mff... krr... ah ah !) de Formule Atlantic a eu deux pilotes-stars : Simona de Silvestro et ce rigolo de la série *Malcolm*. Méritant 4è pour sa dernière saison de pilote, Muniz a épaté par sa progression, depuis des débuts poussifs en F. BMW USA, trois ans plus tôt (0 pt). Il raccrochait pourtant le casque, en 2010, pour s'essayer à la musique, tambour battant...

GENE HACKMAN

Bob Bondurant School of High Performance Driving

USA, né en 1930.
French Connection, Impitoyable, Ennemi d'Etat, USS Alabama.
Course : 6H Daytona 1981 (3è), 24H Daytona 1987 (20è).

Quatre syllabes de star. Il faut dire que Gene Hackman en est une vraie, depuis *French Connection*. Depuis ces 70s, où il tâtait déjà de la Formule Ford ! Un pilotage parfait chez Bob Bondurant *(photo)* l'invitera à participer quatre fois aux 24H de Daytona (17è en 1985, sur une Royale RP40). L'acteur au deux Oscars montera même sur un podium, aux 6H de Daytona 1981 (3è).

JASON PRIESTLEY

Canada, né en 1969.
Beverly Hills 90210.
Course : 14è du champ. Indy Lights - ou Infiniti Pro Series (2002).
copropriét. des teams Rubicon et FAZZT en IndyCar (2008, 2010).

Jason Priestley en a eu marre. De la série *Beverly Hills*, de Brandon Walsh, de la comédie... Il a donc tout plaqué. Jusqu'au coup de foudre, en 2002 : il deviendra pilote d'IndyLight ! Son coup d'essai sera un coup de maître : il finit 2è dès sa première sortie ! Mais à la quatrième course, coup de tonnerre : un crash effroyable, sur l'ovale du Kentucky, achèvera sa reconversion...

Ce fan du rallyman Colin McRae retrouvera néanmoins l'IndyCar, comme propriétaire d'écurie. Si son aventure Rubicon fera long feu en 2008, son FAZZT Race Team connaîtra plus de succès, deux ans après (10è d'Indy 500, avec Alex Tagliani). Le rachat de l'équipe par Sam Schmidt, en 2011, poussera cependant l'ex-idole des ados à retrouver les planches, dans une pièce de théâtre intitulée... *Race* !

PATRICK DEMPSEY

USA, né en 1966.
Grey's Anatomy, Transformers 3, Crime et Châtiment, Il Etait une Fois...
3è en ALMS - LMP2 (2012), 24H du Mans (5è en LMGTE Am 2014), copropr. du Dempsey Racing.

Le « Dr Mamour » n'opère pas seulement dans la série *Grey's Anatomy* ! Il sévit aussi sur les épreuves d'Endurance ALMS et Grand-Am, au volant d'une Porsche de son propre team, fondé en 2002.
L'acteur-coureur-directeur fait montre d'un palmarès honorable. Notamment une 4è et 5è places aux 24H du Mans 2013 et 2014, en catégorie LM GTE Am. Le comédien a également fini 3ème de sa classe GT aux 24H de Daytona 2011, après avoir mené 28 tours ! Incroyablement habité par sa passion, Dempsey ne peut malheureusement pas envisager le moindre tour dans une monoplace, pour l'instant : ses assurances lui interdisent de courir à bord d'autos découvertes...
Info de dernière minute : Dempsey va développer une série TV sur Phil Hill, le premier champion de Formule 1 américain, en 1961 ! Avouez que ça peut avoir une sacrée gueule...

Ils tournent ! 129

INDEX

1 105
3 WEEKS TO DAYTONA 65
9 DAYS IN SUMMER 97
24H : A MATTER OF SECONDS 107
#3 : DALE EARNHARDT STORY 8
#43 : RICHARD PETTY STORY 9

A

AGOSTINI, *GIACOMO* 127
AMICALEMENT VOTRE 70
AMORE FORMULA 2 23
ARMY BOUND 26
AT ANY PRICE 59

B

BAJA SOCIAL CLUB 93
BANA, *ERIC* 125
BECOME ONE 108
BENSAA SUONISSA 63
BIKINI BEACH 28
BLONDE COMET 22
BOBBY DEERFIELD 64
BORN TO SPEED 22
BOYS OF BONNEVILLE 105
BRABHAM, *JACK* 123
BRASSEUR, *CLAUDE* 125
BROLIN, *JAMES* 125
BURN' EM UP BARNES 73
BURN' EM UP O' CONNOR 27
BURNING UP 28
BUTTON, *JENSON* 122

C

CALIFORNIA STRAIGHT AHEAD 117
CAN-AM : THE SPEED ODYSSEY 106
CAN-AM THUNDER 106
CANNONBALL RUN 2 48
CARACCIOLA 103
CARRADINE, *DAVID* 124
CARRADINE, *ROBERT* 124, 125
CARRERAS 80
CARS 34
CARS 2 35
CASTELLO CAVALCANTI 47
CHARLOT ET LES SAUCISSES 113
CHECKERED FLAG 80
CHECKERED FLAG OR CRASH 87
CHECKPOINT 21
CLIMB DANCE 92
CORKY 86
COUNTRY MUSIC 26
CRACK O' DAWN 117

D

- DANGER ON WHEELS 27
- DANS L'ENFER DE MONZA 25
- DEATH RACE 2000 81
- DELITTO IN FORMULA UNO 50
- DEMPSEY, *PATRICK* 129
- DERAPAGE 88
- DERNIER RENDEZ-VOUS 62
- DESTIN CLAY REGAZZONI 100
- DEUX FLICS A MIAMI 74
- DI CAPRIO, LEONARDO 120
- DIRT 104
- DRIVEN 88
- DUNO, MILKA 126
- DUST TO GLORY 93

E

- EASIER SAID THAN DONE 108
- EASTWOOD, CLINT 124
- EAT MY DUST 48
- ENGINE 71
- ENZO FERRARI 13
- EXCUSE MY DUST 112
- EXPLOSION OF
  A MOTOR CAR 117

F

- FANGIO, EL DEMONIO
  DE LAS PISTAS 12
- FANGIO : UNA VITA
  A 300 ALL'ORA 100
- FANGIO, JUAN MANUEL 123
- FAST COMPANY 81
- FAST GIRL 42
- FEVER HEAT 26
- FIREBALL 500 22
- FORMULE 1 75
- FRANKLY... JACKY ICKX 101
- FREEJACK 86
- FUEL THE THUNDER 107
- FUNNY CAR SUMMER 107
- FUTURE GPX
  CYBER FORMULA 39

G

- GARNER, JAMES 121
- GENEVIEVE 51
- GO LIKE HELL 9
- GONFLES A BLOC 53
- GUIDO LOLLOBRIGIDA 125
- GRAND PRIX (dessin-animé) 39
- GRAND PRIX 60
- GREASED LIGHTNING (muet) 117
- GREASED LIGHTNING 11

H

- HACKMAN, GENE 128
- HEIGHTS OF DANGER 22
- HELL ON WHEELS 30
- HIGH GEAR 20
- HILL, GRAHAM 123
- HILL, *PHIL* 125

I

- I DUE DELLA F1 ALLA CORSA PIÙ
  PAZZA, PAZZA DEL MONDO 50
- IF YOU'RE NOT WINNING,
  YOU'RE NOT TRYING 97
- INDIANAPOLIS SPEEDWAY 63
- IRVINE, *EDDIE* 122

J

- JALOPY 48
- JENNER, *BRUCE* 125
- JOCHEN RINDT LEBT 101
- JOHNNY DARK 19
- JONES, *PARNELLI* 125
- JOURS DE TONNERRE 78

K

- KART RACER 41
- KID SPEED 117
- KING OF THE MOUNTAIN 66
- KING, *PERRY* 124

L

- LA CARRERA PANAMERICANA ... 106
- LA COCCINELLE A MONTE-CARLO ... 40
- LA COCCINELLE REVIENT 40
- LA FEBBRE DELLA VELOCITA 104
- LA GRANDE COURSE AUTOUR
  DU MONDE 52
- LAMAS, *LORENZO* 124

LANDSPEED	86
LA PASSIONE	66
LE BIDON D'OR	53
LE CIRCUIT DE MINUIT	23
LE DEFI DE KYLIE	42
LE MANS	56
LE MANS, CIRCUIT DE L'ENFER	18
L'EQUIPEE DU CANNONBALL	48
LE RAID PARIS-MONTE CARLO EN DEUX HEURES	116
LE SAINT	71
LES AVENTURES DE MICHEL VAILLANT	73
LES EXPERTS : MANHATTAN	71
LES FOUS DU VOLANT	38
LES RINGARDS	48
LE VIRAGE DU DIABLE	21
LIVE FAST DIE YOUNG	102
LORENZEN, *FRED*	126
LOVE THE BEAST	95
LUCKY DEVIL	117

M

MABEL AU VOLANT	113
MACADAM A 2 VOIES	59
MADE IT OUT ALIVE	104
MADEMOISELLE ANGE	29
MASK OF DUST	29
MCQUEEN, *STEVE*	128
MICHEL VAILLANT (dessin-animé)	38
MICHEL VAILLANT	84
MON POTE	13
MUCHACHAS QUE TRABAJAN	18
MUNIZ, *FRANKIE*	128
MUNSTER, GO HOME !	48
MUSS MAN SICH GLEICH SCHEIDEN LASSEN ?	46

N

NAISMITH, *EIRANE « PADDIE »*	127
NEWMAN, *PAUL*	120

O

O FABULOSO FITTIPALDI	103
OHNE KAMPF KEIN SIEG	13, 74
OLDFIELD, *BARNEY*	127
OLDFIELD'S	

RACE FOR A LIFE	114
ONCE UPON A WHEEL	109
ONE BY ONE	104
ON THE BEACH	62
OPERACION FANGIO	12
OS CARRINHOS	38

P

PANTHOM RACER	86
PATRICK, *DANICA*	126
PETTY, *RICHARD*	125
PIED AU PLANCHER	9
PINCHCLIFFE GRAND PRIX	37
PIT STOP	26
POLE POSITION	35
POUR PLAIRE A SA BELLE	31
PRIESTLEY, *JASON*	129
PROFILE OF A RACE DRIVER	104

R

RACE FOR GLORY	107
RACING DREAMS	94
RACING FOR LIFE	115
RACING HEARTS	114
RACING LUCK	114
RACING ROMANCE	117
RALLY	72
RED DIRT RISING	12
RED LINE 7000	65
RICKY BOBBY : ROI DU CIRCUIT	46
RIDE' EM COWBOY	27
RIGHT ON TRACK	43
RIVALEN AM STEUER	26
ROADRACERS	28
ROARING ROADS	27
ROAR OF THE CROWD	27
ROARY	36
ROBERTO CARLOS A 300 QUILOMETROS POR HORA	25
RODRIGUEZ, *RICARDO*	123
RUE DE L'ESTRAPADE	22
RUSH	14

S

SAFARI 3000	86
SAFARI 5000	59

SALUT CHAMPION 75
SCHLESSER, *JEAN-LOUIS* 122
SCHUMACHER, *MICHAEL* 122
SENNA 98
SHORT TRACK 38
SIX PACK 49
SMASH PALACE 67
SNAKE & MONGOOSE 11
SPEED 31
SPEED ANGELS 83
SPEED CRAZY 26
SPEED LOVERS 29
SPEED RACER 39, 87
SPEED SISTERS 108
SPEEDWAY 30, 115
SPEED ZONE 48
SPINOUT 30
STATE FAIR 48
STROKER ACE 49
SULLIVAN, *DANNY* 126
SUPER SPEED 114
SUPER SPEEDWAY 94

T

TA RA RUM PUM 41
TETZLAFF, *TEDDY* 127
THE BETSY 83
THE BIG WHEEL 58
THE CHALLENGERS 28
THE CHECKERED FLAG 26
THE CROWD ROARS 62
THE FAST LADY 22
THE FAST & THE FURIOUS 27
THE FIRST AUTO 114
THE GREEN HELMET 23
THE GUMBALL RALLY 48
THE KILLER YEARS : GP 107
THE LAST AMERICAN HERO 10
THE LAST CHASE 82
THE LITTLE MADEMOISELLE 117
THE LIVELY SET 24
THE '?' MOTORIST 117
THE RACERS 20
THE RACING FOOL 114
THE RACING SCENE 104
THE RACING STRAIN 22
THE ROAD DEMON 117

THE ROARING ROAD 112
THE SOUND OF SPEED 96
THE SPEED CLASSIC 114
THE SPEED KINGS 115
THE SPEED LIMIT 114
THE SPEED MERCHANTS 109
THE WAY TO DUSTY DEATH 81
THE WILD RIDE 22
THE YOUNG RACERS 24
THUNDER ALLEY 27
THUNDERBOLT 83
THUNDER IN CAROLINA 27
THUNDER IN DIXIE 27
TINY LUND : HARD CHARGER 106
TOONED 43
TRACK THE THUNDER 27
TRINTIGNANT, *JEAN-LOUIS* 121
TRUTH IN 24 II 107
TURBO 36
TURISMO DE CARRETERA 19

U

UN HOMME ET UNE FEMME 58

V

VATANEN, *ARI* 125
VIRAGES 89

W

WALKER, *PAUL* 125
WEEKEND OF A CHAMPION 101
WHERE THEY RACED 95
WILD RACERS 27

Crédits photos des couverture et quatrième de couverture :

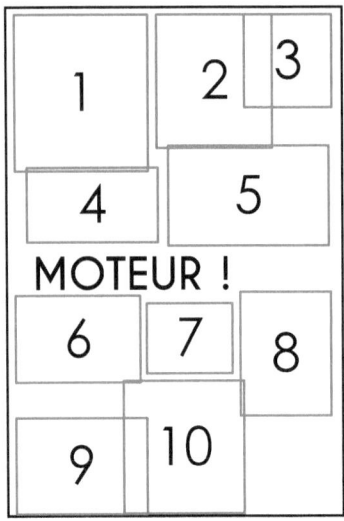
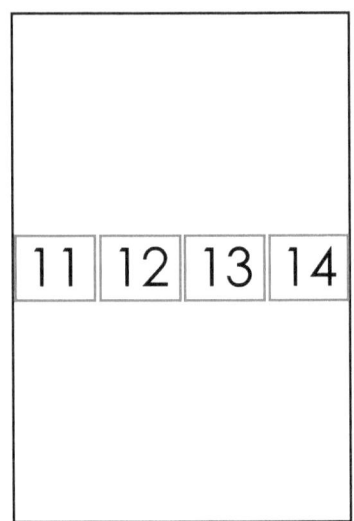

1 : Rush Films Limited ; 2 : EuropaCorp ; 3 : Pathé Distributions ; 4 : Prada/American Empirial Pictures ; 5 : MGM/John Frankenheimer Productions ; 6 : MGM ; 7 : ITC/Television Reporters International Tribune ; 8 : Norio Koike/ASE ; 9 : Framestore Studio/McLaren Animation ; 10 : Solar Productions ; 11 : Droits Réservés ; 12 : Droits Réservés ; 13 : Warner Bros/Columbia Pictures ; 14 : Walt Disney Pictures/Pixar Animation Studios.

Certaines photographies ou illustrations contenues dans cet ouvrage ne sont pas référencées. Il s'agit de documents dont les auteurs n'ont pu être identifiés malgré nos recherches. Nous remercions, par conséquent, les personnes concernées de s'adresser à l'éditeur pour faire valoir leurs droits selon les usages de la profession.

Tous droits réservés.
Le Code de la propriété intellectuelle interdit toute copie ou reproduction destinée à une utilisation collective de cet ouvrage (article L.122-4). Cette représentation ou reproduction intégrale ou partielle, faite sans le consentement de l'auteur et de l'éditeur, ou de ses ayants droit, par quelque procédé que ce soit, est illicite et constitue une contrefaçon sanctionnée par les articles L.335-2 et suivants du Code de la propriété intellectuelle.

© CultuRacing
ISBN 978-2-9550329-1-6
Dépôt légal : septembre 2014
Imprimé par CreateSpace, Charleston SC
www.culturacing.com